AF460281

# CENSVRE D'VN LIVRE, &c.

QVE LE

P. IAC. SIRMOND

A PVBLIE', &c.

*PAR LE SIEVR AVVRAY,*
*Docteur en Theologie.*

Audite verbum Domini, viri illusores, dixistis enim : posuimus mendacium spem nostram, & mendacio protecti sumus. *Isa.* 28.

A PARIS,

M. DC. XLIIII.

# CENSVRE D'VN LIVRE QVE LE P. SIRMOND A FAICT IMPRIMER SVR VN VIEIL manuscript, & qu'il a intitulé, *Prædestinatus*.

LE P. Sirmond a publié depuis peu vn liure dont le seul tiltre à donné enuie de le veoir à ceux qui aiment la verité. Car ce liure n'ayant point de nom, & n'en ayant peut estre iamais eu, il luy a donné par vne autorité particuliere le nom & le tiltre de *Prædestinatus*, pour exciter sans doute la curiosité des hommes en vn temps où on parle tant de la matiere de la Predestination & de la grace : & il declare d'abord que c'est vn ouurage de plus de douze censans qu'il cõtient l'explication

& la refutation de l'heresie des Predestinatiens, auec vn liure qu'ils auoient faict sous le nom de S. Augustin pour seruir de fondement à leur erreur. Et parce que des auteurs celebres ont allegué des coniectures & des preuues qui sembloient puissantes, pour faire veoir que cette pretenduë heresie des Predestinatiens n'a iamais esté qu'vne inuention des Semipelagiens, qui ont appellé Predestinatiens les Catholiques deffenseurs de la doctrine de S. Augustin, & leur ont imputé par calomnie les erreurs & les impietez qu'ils en inferoient malicieusement, qui estoient quasi les mesmes qu'on en veut inferer encore auiourd'huy; on a esté bien aise de veoir paroistre vn liure qui promettoit vne nouuelle lumiere sur ce sujeсt à ceux qui ne cherchent qu'elle seule, & qui haïssent les tenebres que l'ambition, l'animosité, & la ialousie de soustenir les propres opinions & ses vieilles erreurs, & d'empescher que le malade ne le recognoisse, excite auiourd'huy dans les esprits de quelques vns. L'esperance qu'on a eu de trouuer dans ce liure quelque chose de sollide sur cette matiere, a esté augmentée par les grandes asseurances que le P. Sirmond en a donné dans sa Preface, où apres auoir blasmé l'opinion de ceux qui pensent que l'heresie des Predestinatiens n'a esté qu'vne calomnie des Semipelagiens, comme[a] *nouuelle & inoüye parmy les sçauans*; il declare que c'est *pour leur arracher ces soupçons & ces pẽsées*, qu'il a mis cét auteur en lumiere, par ce qu'il tient son iugement si certain & si indubitable, *que*[b] *ceux qui aiment la verité n'y trouueront rien à redire, & ne pourront alleguer aucune raison pour le recuser: Que*[c] *personne n'a peu mieux cognoistre les opinions des Predestinatiens que cét homme qui les voyoit tous les iours, qui disputoit souuent auec eux, lequel ils fuyoient & redoutoiẽt plus que tous les autres:*[c] *Et qu'ainsi il n'y a riẽ de plus asseuré ny de plus clair, que l'erreur de ceux qui soustiennent qu'il n'y a iamais eu nulle veritable heresie des Predestinez.* I'aduouë que cette façon de parler si ferme & si resoluë m'a dõné encore plus de desir de veoir ce liure, & qu'apres l'auoir tout veu exactemẽt, elle m'a paru si estrange, que le iugemẽt le moins desaduãtageux que i'ẽ aye peu former, c'est ou que ce bon Pere estoit fort distraict lors qu'il a leu son manuscript, ou qu'il ne l'a peut estre iamais leu, mais qu'il l'a mis entre les mains de quelque homme tres incapable d'en iuger, sur le raport duquel il l'a estimé & donné au public, comme vne piece rare, & comme vn oracle capable de decider les differens des hõmes sçauans, & de leur imposer silence par sõ autorité souueraine. Car ie soustiens au contraire, que c'est vn liure remply d'er-

a Peregrina & eruditorũ auribus insolẽs quorumdam opinio. in præf.

b Auctorẽ damus, cuius ipsi iudiciũ, si verum amant, aspernari nolint, & aduersus quẽ præscribere vel excipere nõ liceat. Ecquí enim vel notiores Prædestinati vel perspecta magis eorum dogmata potuerunt esse, quam homini, qui cum illis assiduè versabatur, cũ iisdem manus sæpe conserebat, quẽ vnum illi præ omnibus refugiebant & reformidabant aduersarium. Ib.

c Quid certius, vel à pertius quam falli eos, qui Prædestinatorũ propriam heresim nullã fuisse contendunt. Ib.

reurs, d'heresies, de faussetez, d'ignorãces grossieres & d'exstrauagances, qui le rẽdent indigne, nõ seulement d'estre iuge, mais aussi d'estre tesmoing en quelque cause que ce puisse estre; & qu'estant Semipelagien & Pelagien tout ensemble, & surpassant souuent les excez de l'vne & de l'autre de ces heresies, il est s'y peu propre pour prouuer ce que pretend le P. Sirmond, qu'il prouue plustost le contraire, & confirme l'opinion de ceux qui croyent que l'heresie des Predestinatiens, qui est combattuë dans ce liure auec vne passion aueugle, n'a esté qu'vn phantosme & vne chimere des ennemis de la doctrine de S. Augustin, dont ils se sont seruis pour descrier l'Eglise & les Catholiques qui l'ont deffenduë. C'est ce que i'ay entrepris de iustifier dans ce discours, lequel i'ay creu deuoir faire en nostre langue, pour l'instruction des personnes qui n'entendent point la Latine, lesquelles on tasche tous les iours de troubler, & d'effrayer par des discours, par des exclamations, par des extraicts & des memoires qui ne tiennent rien de la verité ny de l'esprit du Christianisme, & qui representent parfaictement celuy du siecle & de l'heresie, & particulierement des Semipelagiens, qui se sont rendus celebres par ces artifices, & peuuent passer pour les modeles de ceux qui en vsent aujourd'huy.

## CHAP. I.

### *Erreurs, Heresies, & Extrauagances de ce liure.*

I. IL dit que S. Paul persecutant l'Eglise ne pechoit point, parce qu'il agissoit par ignorance. Car selon luy, [a] *ou se trouue l'ignorance, il n'y peut auoir de crime. Et S. Paul marchant dans les tenebres de l'ignorance, pensoit qu'il poursuiuoit les ennemis de Dieu.* Ce qui n'est pas seulement contre l'Escriture, & contre S. Paul mesme, qui confesse si souuent & publie son peché, mais c'est vne maxime des Pelagiens condamnée au Concile de Palestine; *Que* [b] *l'oubly & l'ignorance exemptent de peché, parce qu'ils ne procedent point de la volonté, mais de la necessité.* Et Pelagius mesme fut contraint de la desaduoüer & de l'anathematizer, comme vne erreur *contraire* [c] *au S. Concile & à la Saincte Eglise Catholique*; de peur d'estre anathematizé luy mesme: comme S. Augustin le tesmoigne; & S. Ierosme confirme la condamnation de ceste heresie.

II. Il dit que S. Paul n'a pas seulement persecuté l'Eglise sans pecher, mais [a] *qu'estant emporté par le Zele de Dieu, il a imi-*

a Vbi ignorātia est, inuidia non est? A iustitia enim Dei ignoranti doctrina traditur, scienti vero & contemnenti dictatur sententia. Vnde per obscurū ignorantiæ ambulans Paulus, putabat se inimicū Domini sui persequi. *Pag. 139.*

b Obliuionem & ignorantiam non subiacere peccato, quoniam non secundum voluntatē eueniunt, sed secūdum necessitatem, Aug. l. de gestis Pelag. c. 18. & 35.

c Hoc reprobat sāncta Synodus, & sāncta Dei Catholica Ecclesia & secūdū iudicium sāctæ Ecclesiæ reprobo: anathema dicēs omni contrauenienti & contradicēti sanctæ Catholicæ Ecclesiæ doctrinis. *Ibid. c. 19. Hieron. l. 1 & 2. cōtra Pelag.*

a Zelo Dei ductus Heliam secutus est. *pag. 138.*

*mité Elie :* [b] *Qu'il auoit l'esprit d'Elie : Qu'il faisoit des rauages par l'esprit d'Elie : Qu'il imitoit* [d]*. Elie côme vn seruiteur fidelle : Qu'il* [e] *auoit dans luy-mesme l'esprit d'Elie :* & non seulement l'Esptit d'Elie, mais aussi *le* [f] *Zele d'Abraham, d'Isaac & de Iacob.* Et pour monstrer encore plus particulierement que ce zele n'estoit pas inconsideré & aueugle, il adiouste, *Que* [g] *côme vn homme tres-prudent & tres-sage, il sçauoit qu'il agissoit par le Zele de Dieu, par le Zele de la foy. Qu'il* [h] *combattoit pour la foy de Dieu & pour la verité.* Que sõ ignorãce ne procedoit pas de son incredulité, mais [i] de celle des autres, *parce qu'il souffroit vne nuict que l'incredulité des Prestres luy auoit causée. Qu'il* [k] *souffroit l'obscurité de ses Prestres, adioustant foy à leur tesmoignage, comme la Loy de Dieu le luy commandoit. Que ses Prestres luy auoient dit que celuy qu'ils auoient crucifié n'estoit pas le fils de Dieu. Que* [m] *comme vn bon Gardien de la vigne du Seigneur des armées, qui estoit la maison d'Israël, & comme vn bon Sergent, il faisoit la ronde dans la nuict de l'ignorance, le baston à la main, pour veoir s'il trouueroit quelqu'vn qui voulust desrober la vendange du Seigneur. Que Dieu s'est* [n] *monstré à luy comme à vn bon seruiteur, qui veilloit pour la vigne de son maistre, qui persecutoit les autres par le Zele de la foy, qui imitoit Elie, qui combattoit pour la verité, auquel il sçauoit qu'il auoit commandé de*

b Animum Heliæ, non cain habens. *pag.* 139.
c Heliæ animo deuastabat. *pag.* 140.
d Seruo itaque bono, seruo Heliam imitanti. *pag.* 140.
e Habens intra se spiritum, Heliæ *pag.* 141.
f Quorum patrum gerens zelum? sine dubio Abrahæ, & Isaac, & Iacob. *pag.* 140.
g Prudẽtissimus vir atque sapientissimus, qui sciebat se zelo Dei agere. *pag.* 130.
h Pro fide enim Dei, & pro veritate currebat. *pag.* 139.
i Patiebatur enim noctem, cuius ei obscurum fecerat incredulitas sacerdotum. *pag.* 142.
k Passus obscuritatem sacerdotum suorum, quibus legis diuinæ imperio fidẽ suam testimonium dantibus exhibebat. *pag.* 140.
m Velut bonus custos vineæ Domini sabaoth domus Israel, velut bonus circitor, adprehenso baculo, per noctem ignorantiæ circum ibat, vt quoscumquæ inueniret le‥entes vindemiã Domini, is Heli‥nimo deuastaret. *Pag* 140
n Serua itaquæ bo

*combattre iusques à la mort.* Qu'il estoit comme vn seruiteur, qui poursuiuant son maistre dans les tenebres de la nuict, parce qu'il ne le recognoist pas, le prenant pour vn voleur, [o] *merite loüange & recompense, Qu'il estoit* [p] *dés lors biẽ heureux, estant enuoyé par les Prestres de Dieu: qu'il estoit remply des merites d'vn Apostre: qu'il estoit vase d'election, ayant dans soy mesme l'esprit d'Elie.* Qu'encore qu'il poursuiuist Dieu mesme comme vn voleur, *Dieu* [q] *estant iuste, prenoit plaisir à cette persecution, laquelle il vouloit souffrir pour sa iustice, parce que S. Paul gardoit la Loy qu'il luy auoit donnée. Qu'il n'vsa point d'acception de personnes, en le saisissant pour le faire vouloir, lors qu'il ne vouloit pas; pour le rendre fidele, lors qu'il estoit infidele, pour le rẽdre amy, lors qu'il estoit ennemy; pour le rendre bon lors qu'il estoit meschant; mais qu'il parla à luy comme à son fidele seruiteur, qui trauailloit pour sa gloire, & luy dit, pourquoy me persecute-tu?* Qu'en fin [r] *il ne passa pas de l'infidelité à la foy, mais qu'il conserua la foy qu'il auoit euë iustement*, c'est à dire, qu'il auoit meritée, suiuant les principes de cest auteur. *Que* [s] *Dieu estant iuste, recogneut son seruiteur, selon ce que le mesme Apostre a dit à Timothée, Dieu cognoist ceux qui sont à luy: & que descouurant le fonds de son cœur, & considerant sa foy, il luy a fait trouuer misericorde, parce que son innocence iustifioit son ignorance.* I'ay voulu

no, pro Domini sui vinea vigilanti, seruo zelo fidei persequenti, seruo Heliam imitanti, seruo in tenebris ignorantiæ pro veritate certanti, seruo cui se sciebat dixisse vt pro veritate certaret vsque ad mortem, succurrit dicens, &c. *Pag.* 140.

o Huic tali seruo & laus debetur & premium *Pag.* 141.

*p* Ita ergo tunc beatus Paulus, missus a Sacerdotibus Dei, iam meritis Apostolicis plenus, vas electionis erat, habens intra se spiritum Heliæ. *Pag.* 140.

*q* Iustus vero Dominus in hac ipsa sibi persecutione, quam ipse patiebatur pro sua iustitia complacebat, quia ipse dederat legem quam ille seruabat. Non ergo quasi personarum acceptor adprehẽdit nolentem & fecit volentem, adprehendit infidelem, & fecit fidelẽ adprehendit inimicum & fecit amicum, adprehendit malum & fecit bonum: sed suum fidelem & pro se laborãtem ad loquitur, & dicit, Quid me persequeris? *Pag.* 142.

representer toutes ces resueries, qui vōt au delà de celles des Pelagiens, pour faire cognoistre à tous le monde l'obligation que le public a au P. Sirmond de luy auoit donné ce beau liure, & l'estat qu'on doit faire du iugement qu'il porte d'vne piece si extrauagante. Car il ne luy suffit pas d'asseurer que S. Paul n'a point peché en persecutant l'Eglise; ny de dire qu'il a bien fait; mais il ose comparer son action & son zele auec celuy d'Elie & des plus grands Patriarches, & soustenir qu'il estoit deslors remply des vertus, & des merites d'vn Apostre; qu'il auoit vne foy excellente; & que par cette foy il a engagé la Iustice de Dieu à le receuoir & à l'embrasser comme vn seruiteur fidelle. Au lieu que S. Paul aduoüe qu'il n'estoit pas *digne d'estre appellé Apostre*, lors mesme que Dieu luy auoit pardonné son peché, *parce qu'il auoit persecuté l'Eglise de Dieu*. Et ce peché luy a paru si grand, qu'il l'a obligé d'aduoüer qu'il estoit *le premier des pecheurs*; & qu'il auoit esté *blasphemateur*, *persecuteur*, *faiseur d'outrages & de violences*, non pour publier ses bonnes œuures & son zele heroïque par ces paroles, selon cét auteur impertinēt, mais pour s'humilier en confessant ses crimes. Enfin il declare qu'il *a reçeu misericorde*, pource qu'il les a commis par ignorance, non estant desia fidele, comme dit l'auteur du P. Sirmond; mais

r Non ab infidelitate ad fidem veniendo, sed ipsam fidem quam iure habuerat, possidendo. Iustus ergo Dominus seruum suum cognouit, secundū quod ipse Apostolus ad Timotheum dicit: cognoscit Dominus qui sunt eius. *Ib.*

s Deus autem, cordis inspector, & fidei contemplator, fecit eum misericordiam inuenire, quia ignorantiam eius innocētia cōprobabat. *Pag.* 139.

*1. Cor. 15.*

*Ibid.*

*1. Tim. 1.*

*Ibid.*

mais estant dans l'infidelité, *quia ignorans feci in incredulitate.* Ibid.

III. Il dit *que Dieu* [a] *a predestiné tous les hommes deuant son aduenement: Qu'il a predestiné à la vie toutes les nations. Qu'il* [b] *a predestiné tous les hommes au bien. C'est pourquoy ils aduouë que les seuls predestinez* [c] *sont appellez*, par ce que selõ luy il n'y a point d'hommes qui ne soient predestinez. Ce qui est tellement inoüy, que ie ne sçay s'il y a eu seulement des heretiques qui ayent iamais tenu ce langage. Car selon cette maxime il n'y aura point de reprouuez : ou bien il faudra dire que tous les reprouuez sont, predestinez ; & qu'ainsi les predestinez se damnent tous les iours, & qu'il n'y a qu'eux de damnez ; contre le sens commun des Chrestiens. Mais ce paradoxe luy paroist si peu de chose, qu'il ne craint point de l'estendre iusques au blaspheme, & d'asseurer que *l'hõme* [d] *peut mespriser la predestination de Dieu*, c'est à dire l'empescher actuellement de produire son effect : au lieu que iusques à present l'Eglise & tous les Theologiens ont tenu que la predestination de Dieu estoit infaillible & immuable, & que le Ciel & la terre passeront, mais qu'vne seule de ses paroles & de ses desseins ne manquerons iamais, par ce que la parole de Dieu demeure eternellement, & que rien ne peut resister à sa volonté, comme dit l'Escriture.

[a] Omnes ipse ante aduentũ suum prædestinauit. Omnes ergo gentes prædestinauit ad vitam, quia omnes gentes vocauit ad vitam. *Pag.* 174.

[b] Scit se omnes prædestinasse ad bonum *Pag* 108.

[c] Non vocantur nisi prædestinati. *pag.* 174.

[d] Potuit homo prædestinationem Dei sua auersatione cõtemnere. *pag.* 176.

IV. Mais son esprit passe d'vne extremité à l'autre, & il ne veut pas seulement qu'on dise que Dieu a predestiné les hommes à la vie ou à la mort eternelle, apres auoir preueu leurs bonnes ou leurs mauuaises œuures; *Qu'il* [e] *a predestiné à la mort ceux dont il a preueu l'impenitence; & qu'il a predestiné à la vie ceux dont il a preueu la conuersion*; & il s'emporte contre cette doctrine, comme si elle ruinoit la iustice & la bonté de Dieu. Car il est si aueugle qu'il s'imagine que Dieu sera iniuste s'il ordonne la mort de l'Enfer ou la vie du ciel à vn homme deuant qu'il soit nay, à cause du bien où du mal qu'il preuoit qu'il fera. Ce qui combat les sentimens de tous les Catholiques, & des Iesuites mesmes aussi bien que des autres, n'y ayant personne dans l'Eglise qui ose nier que Dieu a preparé de toute eternité la gloire du Ciel à ceux dont il a preueu la bonne vie, & la mort eternelle, & les peines d'Enfer à ceux qu'il a preueu qui mourront dans le peché, celà estant si clair dans l'Euangile & dans la lumiere de la foy, & de la raison, qu'il faut n'auoir n'y l'vne ny l'autre pour le nier.

[e] Occurunt hoc loco, & dicunt, per præscientiam Deus prædestinationem suam cōstituit. Nā quos præsciit nullo modo cōuerti, hos prædestinauit ad mortem: & quos præsciit omnimodo conuerti, hos prædestinauit ad vitam. Videamus nunc si non iniquis amo gibus iudiciū Dei ad præiudiciū iustitiæ trahitis. *Pag.* 126.

V. Il dit que ces paroles de l'Apostre, *la loy est spirituelle, & ie suis charnel ayant esté vendu & assuietty au peché*, ne se peuuent pas entendre de l'Apostre mesme:

*Qu'il a voulu representer en ce lieu la personne d'vn homme charnel, & non la sienne propre. Et que ceux qui sont vendus & assuiettis au peché, sont les Payens & ceux qui n'ont pas encore esté racheptez par Iesus Christ.* S. Augustin à combattu cette explication comme l'vnique refuge des Pelagiens, qui s'en seruoient pour soustenir que la concupiscence des baptisez n'estoit pas vn effet du peché originel. *Les Pelagiens*, dit-il, *ne veulent pas adioüer que l'Apostre parle de luy-mesme dans ce texte, mais ils soustiennent qu'il a voulu representer la figure d'vn autre homme viuant sous la Loy, & non encor deliuré par la grace.*

Constat ergo quod non suam Apostolus, sed alterius id est carnalis viri, voluit hoc loco declarare personã. Ille est venundatus sub peccato, qui ad huc sanguine Christi redemptus non est *pag. 169.*
*lib. 2. in Iul. c. 3. & c.*

Vbi nolunt Pelagiani ipsam Apostolum intelligi, sed quod in se alium transfiguraverit hominem sub lege ad huc positum, nondum per gratiam liberatum.
*Aug. lib. 1 ad Bonif. cap 8 & 9.*

VI. Il dit qu'vn homme baptizé *ne void plus vne autre loy dans ses membres*, contraire à la loy de l'Esprit; *& qu'il a la seule Loy de Iesus Christ dans soy mesme.* C'est la propre doctrine de Iulien & des autres Pelagiens, que S. Augustin a ruiné par des liures entiers, comme destruisant les Escritures, la foy de l'Eglise, l'experience des plus grands saincts, & le sens commun des fidelles, qui seroient tous *aussi iustes que les Anges*, selon Sainct Augustin, *s'ils n'auoient point de concupiscence.*

Non videt aliam legem in membris suis. Solam enim legem Christi in se habet. *pag 171*
*Serm. 5. de verb. Apost.*

VII. Il dit en pur Pelagien, que la cõcupiscence qui se trouue dans les baptisez a esté dãs nos premiers peres deuãt qu'ils eussent peché, *deuant* [a] *qu'ils eussent gou-*

a. Adhuc primi homines nondum de præuaricationis ligno gustauerant. *pag. 208.*

sté du fruit deffendu : Que [b] sans elle ils neussent peu multiplier le genre humain ; Et qu'ils [c] n'ont pas rendu honteux leurs membres par le peché. Ce qui renuerse l'Escriture, les Conciles & le consentement de toute l'Eglise.

VIII. Il dit encore en pur Pelagien, que cette concupisence des baptisez *a esté* [d] *fermement establie de Dieu dans nos entrailles : qu'elle forme vn combat qui est naturel à l'homme. Que* [e] *nous auons reçeu de Dieu ses mouuemens comme tous nos membres ; & qu'il n'y a dans nos membres que ce que Dieu y a fait, & non ce que l'ennemy y a adiousté.*

*IX.* Il dit, *que* [f] *si l'ennemy à mis la Creature dãs vn autre estat que celuy ou Dieu l'a creée, le mariage sera maudit ; & que tout le genre humain venant de cette malediction, procedera du Diable comme de son auteur.* Et enfin il conclud en cette maniere : *Choisissez de deux choses l'vne : ou la generation de l'homme est bonne ; & il s'ensuit que la concupiscence est aussi bonne : ou si la concupiscence est mauuaise, il s'ensuit que le mariage est mauuais.* Ce langage est tellement conforme à celuy des Pelagiens, qu'il semble estre celuy de Iulien, qui a raisonné tout de mesme contre [g] S. Augustin en diuers lieux, où ce Sainct admire l'impudence auec laquelle il deffend vne chose qui fait honte à tous les hommes ; & l'ignorance qui l'empesche de discerner les biens du mariage, dont Dieu est l'Auteur,

[b] Qui ante peccatum benedicendo genus hominũ multiplicari iussit, ipse sine dubio huic naturæ per quod propagari posset, inseruit. Dispar etenim sexus multiplicari minimè potuisset, si incremẽta naturalis cõcupiscentiæ nõ haberet *Ibid.*

[c] Sic enim dicit liber vester, Quæ Deus membra fecit, illi præuaricãdo pudenda fecerunt. *Ce qu'il tasche de refuter pag.* 210.

[d] Nos concupiscentiã dicimus esse rem naturalis certaminis : & hanc dicimus ad propagationem hominũ à Deo creatore visceraliter esse firmatam, *pa.* 208.

[e] Hunc concupiscentiæ motum, sicut cætera alia mẽbra, à creatore suscepimus. *p.* 243.

[f] Si hoc non est in mẽbris quod Deus condidit, & super fabricam Dei inimicus apparuit, maledictæ sunt nuptiæ, & ex maledictione vniuersa humani generis massa veniẽs diabolo auctore subsistit. Vnum vobis eligite & duobus. Aut bona est

des maux & des miseres que le peché y a meslé.

X. Il ne se contente pas de tenir que la concupiscence que les fidelles combattent, n'est pas vn mal; mais il veut encore qu'elle soit la source des vertus; comme il paroist par ces paroles: *Vous*[h] *dittes qu'elle est la loy du peché; & nous disons qu'elle est la loy de la generation, quoy que vous puissiez alleguer, pour la rendre criminelle. Nous asseurons que celle que vous appellez la matiere des vices, est la cause des vertus.* C'est pourquoy il l'appelle *Charité*, & dit que Dieu[i] a mis en nous *la Charité de la concupiscence*: comme si on disoit qu'il nous a donné la santé de la maladie, la lumiere des tenebres, puisque selon S. Augustin, & selon l'Escriture, la Charité & la concupiscence sont opposées, comme la santé & la maladie, & l'vne augmente ou diminuë à proportion de l'autre.

XI. Il passe plus outre, & apres auoir comparé la cōcupiscence auec les pieds, les mains, & les autres membres de l'hōme que Dieu a créez, il la compare auec le baptesme & l'Eucharistie; & il semble mesme la preferer à ces Sacremens. Car apres auoir prouué qu'elle n'est pas mauuaise encor qu'on en abuse; comme on abuse des Sacremens, encor qu'ils soient bons; il conclud de la sorte: *Que si l'abus des choses si Sainctes* (des Sacre-

generatio hominis, & bona est concupiscentia: aut malæ sunt nuptiæ, & iniqua concupiscentia. *pag.* 210.

g *lib.* 2. *in Iul. lib.* 1. *&c.*

h Hanc vos dicitis legem peccati, sed hanc nos legem generis comprobamus, quam vos criminis accusatis: & hanc nos dicimus causam virtutum, quam vos vultis ostēdere materiam vitiorum. *p* 212.

i Ipse ob multiplicandam sobolem concupiscentiæ inseruit caritatem. *Pag.* 211.

Quod si de tam sanctis rebus præsumptio reum fa-

mens) *rend vn homme coulpable, il faut adnoüer à plus forte raison que c'est l'excez de la concupiscence qui est criminel, & non pas l'action moderée.* Il presuppose que la concupiscence est quelque chose de plus Sainct que les Sacremens, puis qu'il croid qu'il y a moins de raison de douter que l'abus qu'on en faict soit mauuais, que celuy qu'on faict des Sacremens.

est; non actio, quanto magis in concupiscentia, nō actio suum, ordinē, sed extra ordinem vadens, vocatur in crimine. *Pag.* 215.

XII. son extrauagance va encor plus loing. Car il condamne d'impieté ceux qui ne sont pas de son aduis, & qui tiennent que la concupiscence vient du peché. *Cette impieté*, dit-il, *a esté inuentée par les Predestinez* : c'est à dire par les Catholiques, qu'il combat tousiours sous ce nom pour les rendre odieux. Et il ne craint point d'asseurer que c'est *vne nouuelle peruersité*, de croire que la concupiscence des gens mariez est mauuaise.

O quam infelix impietas est à Prædestinatis inuenta vt ex præuaricatione dicatur euenisse hominis, quod est ex benedictione creatoris in sertum *p.* 212.

Rerum noua peruersitas. *p.* 211.

XIII. Mais le comble de ses folies est, qu'au lieu que S. Augustin soustient contre les Pelagiens que tout le mal de la concupiscence consiste dans la resistance qu'elle fait à l'esprit & à la raison; *Qu'elle n'est indecente, que parce qu'elle est desobeyssante*; Et que *si elle ne produisoit ses mouuemens que lors que nous le voudrions, elle ne seroit pas vne maladie*; Ce rare Theologien trouue au contraire qu'elle est encore plus loüable à cause de cette desobeyssance & de cette reuolte. Car voulant prouuer qu'elle est la source

Ideo indecentem quia inobedientem. *Aug. lib.* 1. *de Nuptiis Cap.* 6.

Libido autem pudenda non moueat membra, nisi quando volumus, & non est morbus. *Aug. lib.* 2. *de nuptiis Cap.* 33.

de toutes les vertus, il dit, *Que son secours rend fecond les gens mariez, & que sa resistance & son combat rend glorieux ceux qui gardent la virginité & la continence. Et afin qu'on ne pense pas qu'elle nuise en aucune maniere, elle nous fait plus de bien en nous resistant, qu'en nous aidant. Car lors qu'elle nous aide elle nous donne le fruit de la generation; mais lors qu'elle nous resiste elle nous donne la recompense de la chasteté. Là elle agit sans peché, & icy elle combat auec gloire. Si vous ostez la concupiscence, il n'y a plus de mariage: si vous ostez la concupiscence, il n'y a plus de recompense pour la chasteté. Quel est, ie vous prie, ce mal qui est la cause de deux biens; qui donne aux vns la ioye de la generation, & aux autres le triomphe de la vertu? Car les vns operent par elle licitement, & les autres combattent par elle glorieusement.* Il deuoit loüer par la mesme raison les tentations, les persecutions, & les Diables, qui nous font continuellement la guerre, à cause des victoires que nous remportons en leur resistant. Il deuoit loüer les pechez, & les plus grands crimes, puisque Dieu & les Saincts en tirent mille biens. Il ne paroist pas que les anciens Pelagiens ayent raisonné si estrauagãment, & c'est vne honte que le P. Sirmont ayt osé mettre en lumiere vn liure si impie & si fol tout ensemble, non seulement sans aduertir les

Nam cùm eius adiutorium faciat parentes fœcundos in sobole, huius certamen & continentes præstat & virgines gloriosos Et ne alicubi huius esse æstimes detrimentum, maiora repugnando quam adiuuando largitur: quia dum adiuuat, fructum cohibet generis, dum repugnat, confert præmium castitatis Illic sine culpa operatur: hic exercet pugnam cum munere. Tolle cõcupiscentiam, & cessant coniugia: tolle cupiscẽtiam, & cessant præmia castitatis. Quale hoc rogo malum est, quod duplicis boni caussa esse monstratur? quod alios in generationis gaudio exhibet, alios in triumpho virtutis. Alij enim per eam operantur licité, alij per eam dimicant gloriose. *pag* 213.

lecteurs de ses impietez, mais aussi en le loüant comme vn bon liure, où il n'y a rien qui puisse estre blasmé, & mesme comme redoutable à ses aduersaires.

XIIII. Il dit que l'vsage du mariage est de l'essence du mariage; & que Dieu l'a tellement ordonné, que [a] *comme la conionction des corps ne peut estre sans le mariage, ainsi le mariage ne peut estre sans la conionction des corps*, & sans l'habitation charnelle. Ce qui est vne maxime Pelagienne, & vn reietton des erreurs precedentes touchant la bonté de la concupiscence. Iulien a Philosophé tout de mesme, & S. Augustin luy a reproché qu'il [b] tenoit, *que le mariage n'estoit autre chose que la conionction des corps; iusques a dire qu'il n'y a eu aucun mariage entre S. Ioseph & la Vierge, parce qu'il n'y a eu aucune conionction charnelle*, & qu'ils ont tousiours vescu dans la continence.

XV. Il dit [c] *qu'Abel, Enoch, Noë, Sem, Iapheth, Melchisedech, Abraham, Isaac, Ioseph, & les autres, ont pleu à Dieu par la loy naturelle; est adire par la raison; & qu'ils luy ont pleu par l'instinct de la loy naturelle*: Il a pris cela de Faustus, qui a escrit de mesme en franc Pelagien, qu'Abel, Enoch, & Noë ont pleu a Dieu par la lumiere & par l'instint de la loy naturelle: qu'ils auoient dans eux-mesmes; & c'est vn des plus grands Pelagianismes dont

[a] Nec enim esse potuit, aut sine coniunctione commixtio, aut absque commixtione coniunctio. p. 211.

[b] Nihil aliud dicis esse nuptias, quàm corporum commixtionem. *Aug. lib. 5. contra Iul. cap. 16. & lib. 3. cap. 23.*

Iam verò de Ioseph, cuius Mariä, teste Euangelio, coniugem dixi, multa diu disputas contra sententiam meam, & conaris ostēdere, quia concubitus defuit, nullo modo fuisse coniugium. *lib. 5. contra Iul. c. 12.*

[c] Non cessauit lex naturalis, per quam placuit Abel, Enoch, Noë, Sem, & Iaphet, Melchisedech, Abraham, Isaac, Iacob, Ioseph, & cæteri Hi placuerūt, legis vtique naturalis instinctu. *Pag. 193.* Faustus *libr. 2. c. 6. 7. 8.* & in ep. Lucidi presbyt.

dont il ait esté condamné par les Peres, comme ruinant les Escritures, qui disent qu'on ne peut plaire à Dieu sans la foy, & que la foy ne vient que de la reuelation & de la Grace. Aussi le second Concile d'Orange qui fut assemblé pour desraciner de l'Eglise les restes du Pelagianisme, & le Semipelagianisme par l'auctorité du S. Siege s'opposant formellement cette erreur, la condamne en ces termes: *le Franc Arbitre ne peut croire en Dieu, ny faire le bien pour Dieu, s'il n'est preuenu de la Grace & de la misericorde Diuine. C'est pourquoy nous croyons qu'Abel le Iuste, Noé, Abraham, Isaac & Iacob, & toute la saincte multitude des anciens Peres ont receu cette Foy excellente que S. Paul à tant loüée, non par le don de la nature, qui nous auoit esté conferé en Adam, mais par la grace de Dieu.*

Prædicare debemus & credere, quod per peccatum primi hominis ita inclinatum & attenuatum fuerit liberum arbitriũ, vt nullus postea aut diligere Deum, sicut oportuit, aut credere in Deum, operari propter Deum, quod bonum est, possit, nisi gratia eum & misericordia Diuina præuenerit. Vnde Abel iusto, & Noé, & Abraham, & Isaac, & Iacob, omnique antiquorum sanctorũ multitudini illam præclaram fidem, quam in ipsorum laudem prædicat Apostolus Paulus, non per bonum naturæ, quod prius in Adam datum fuerat, sed per gratiam Dei, credimus fuisse collatã. *Con Araus 2 c. 25.*

XVI. Il a entierement ruiné la Grace de Iesus-Christ, & en a parlé non en Semipelagien simplement, mais en Pelagien tout declaré. Car il ne recognoist veritablement que la Grace des Sacremens: & il tient que toute autre Grace n'est rien que la volonté que Dieu a euë de nous sauuer & de mourir pour nous deuant que nous eussions rien fait pour luy, & les instructions, les exhortations, les promesses & les menasses par lesquelles il nous appelle à son seruice. *Nous enseignons:* dit-il, *que la Grace precede la volon-*

Menores estote quia vobiscum ui-

*té de l'homme, parce que lors que nous ne demandions, ny ne prions, ny ne voulions pas, le Fils de Dieu est venu deliurer de la mort tout le monde. Il est venu inuiter au Festin ceux qui auoient faim & à la fontaine ceux qui auoient soif, &c. C'est ainsi que nous enseignons que la Grace precede la volonté de l'homme, &c. La Grace qui precede monstre ce qu'il faut demander, à qui on le doit demander, comment on le doit demander: elle monstre ce qu'on doit chercher, comment on le doit chercher, & où on le doit chercher: elle monstre ce qu'on doit frapper, où on doit frapper, & comment on doit frapper.* Et ailleurs voulant prouuer que la Grace preuient la volonté, il parle en cette sorte: *Car vous ne sçauriez pas ce qu'il faut vouloir, s'il ne vous appelloit par luy mesme, & par les siens, & s'il ne vous apprenoit ce que vous deuez demander, & en qu'elle maniere vous le deuez demander.* Il paroist par ces discours qu'il ne met la Grace preuenante que dans les moyens par lesquels Dieu nous tesmoigne l'affection qu'il nous porte, nous monstre & nous enseigne ce que nous deuons faire, & nous exhorte à l'executer, soit par les parolles qu'il nous a laissées dans l'Euangile, ou par celles que ses Ministres nous disent de sa part. Car que ce soit dans la parole qu'il establit particulierement cette Grace, il le declare encore plus ouuertement, lors qu'il dit *que la grace de Dieu*

cimus, Antecedit gratia Dei hominis voluntatem, antecedit, quia non petentibus, non rogantibus, non etiã volentibus, nobis, venit filius Dei vniuersum mundum à morte eripere, & vt ascenderet ad Deum homo sicut iam diximus, Deus descendit ad hominem. Venit inuitare esurientes ad epulas, sitientes ad fontem, &c. Ecce hoc loco docemus quod antecedit gratia Dei voluntatem hominis, &c. Gratia enim quæ antecellit, ostẽdit quid petas quem petas, & qualiter petas: ostendit quid quæras, qualiter quæras, vbi quæras: ostendit quid pulses, vbi pulses, qualiter pulses. *pag* 178.

Nescires enim quid velis, nisi te ipse & per se & per suos & vocaret, & vt peteres, & qualiter peteres edoceret. *pag.* 153.

Iam ergo gratia posita, sicut, scriptũ

*nous ayant esté proposée au milieu de la terre, elle crie, venez; & qu'en cette maniere la parole de Dieu preuient ceux qui viennent : Qu'elle crie ; demandez ; & qu'en cette maniere la parole de Dieu preuient ceux qui demandent : Qu'elle crie, cherchez : & qu'en cette maniere la parole de Dieu preuient ceux qui cherchent: Qu'elle crie, frappez : & qu'en cette maniere la parole de Dieu preuient ceux qui frappent.* Il est donc manifeste que la Grace par laquelle Dieu preuient nos volontez, & nous conduit à la Iustice & à l'Eglise, ne consiste selon cét auteur qu'ẽ deux choses, en la volõté qu'il a euë de nous sauuer & de mourir pour nous, & en la parole par laquelle il nous instruict, il nous exhorte, il nous excite, nous proposant ses promesses & ses menasses.

est, in medio terræ, clamat, venite Hic sermo Dei anticipat venientem: petite, hic sermo anticipat petiturum: quærite, hic sermo anticipat quæsiturum: pulsate, hic sermo anticipat pulsaturum. *Pag.* 152.

Il establit vne Grace toute pareille, & n'en recognoist point d'autre sorte pour les justes qui sont dans l'Eglise & qui ont reçeu les Sacremes des fidelles: *Ie ne dis pas seulement*, dit-il, *que la Grace de Dieu nous a preuenus lors qu'il a daigné s'vnir à nostre nature, & venir en ce monde sans que nous l'ayons demandé. Mais la volonte precede encor auiourd'huy celle des hommes, parce qu'il les veut tous sauuer.* Et peu apres, *la Grace de Dieu precede la volonté des hommes en leur descouurant la vie eternelle, affin qu'ils s'y plaisent ; en leur descouurant le feu eternel, affin qu'ils en soient espouuantez, & qu'ils se retirent des plaisirs du peché.* Ce

Non solum tunc dicam antecessisse gratiam, cum Deus adiungi homini nõ dedignatus, nõ petentibus nobis venire dignatus est: sed & vsque hodie antecedit voluntas Dei voluntatẽ hominis, vult enim vt saluemur, & nos nolumus *Pag.* 151.

Antecedit gratia voluntatem hominum ostẽdendo vitam æternam in qua delectentur, qu'il explique par la comparaison d'vn ieune homme à qui on fait veoir vne fille afin qu'il l'aime : *Receuez* [a] *la similitude charnelle d'vne fille, pour comprendre mieux le sens spirituel. Vostre Pere vous a monstré vne fille : voila la Grace qui a preuenu vostre volonté. Commencez donc maintenant de vouloir.* Et enfin concluant cette matiere ; *Ie vous* [b] *ay descouuert la Grace qui precede, & celle qui suit. Elle precede, parce qu'elle appelle, qu'elle conuie & qu'elle inuite, afin qu'on vienne. Elle suit parce qu'apres qu'on est venu, qu'on a voulu, & qu'on a demandé, elle donne.*

Tous ces textes & plusieurs autres semblables, qu'il n'est pas besoin de recueillir, font voir clairement que cét auteur ne recognoist point, mais ruine la Grace de Iesus Christ, c'est à dire celle qui guerit & fortifie interieurement la volonté de l'homme, & opere dans luy le vouloir & l'execution, selon l'Escriture ; & qu'au lieu de cette Grace il en introduit vne exterieure, qui ne consiste que dans l'affection que Dieu porte aux hommes, dans la mort qu'il a souffert pour eux, & dans les instructions, les exhortations, les promesses, & les menasses qui leur sont representez par la predication de la parole, ou par la lecture des Escritures. Ce qui est reduire la Grace de Iesus-Christ à la loy, à l'instructiõ, & à la cognoissance, & restablir l'erreur

ostendendo incendium sempiternum in quo terreantur, vt à peccatorum delectationibus reuocentur. *Ibid.*

a Cape ergo à carnis exemplo comparationẽ puellæ, vt ad sensum melius spiritalem attingas. Ergo est tibi ostensa puella à patre ecce gratia patris antecedit volũtatem. Iam tu incipe velle. *pag.* 183

b Ecce, gratiã Dei vobis, & antecedẽtem & sequentem ostendimus. Antecedit, quia vocat, quia prouocat, quia inuitat vt venias. Sequitur quia dum veneris, & volueris, & petieris, donat. *pag* 185.

que Pelagius meſme fut contrainct de condamner au Concile de Paleſtine, que la Grace de Dieu *conſiſte dans le franc Arbiſtre, dans la Loy, & dans l'inſtruction.* Car quoy que cét auteur ſemble adüoüer la Grace des Sacremens, cela ne l'exépte point du Pelagianiſme, mais le rend encor plus ſemblable aux Pelagiẽs, & monſtre qu'il ne recognoiſt auec eux autre Grace outre les exhortations, & la Predication de la porole, que la remiſſion des pechez, laquelle ils ont admiſe auec toutes les Graces des Sacremens, les tenant meſme neceſſaires, & s'en ſont ſeruis comme d'vn moyen ſpecieux pour obſcurcir & d'eſtruire la vraye Grace de Ieſus Chriſt, qui eſt proprement celle qui deliure noſtre volonté de ſon infirmité naturelle & de l'impuiſſance qu'elle a de vouloir ſeulement le bien par elle meſme ; qui nous donne la force interieure d'agir & de viure Chreſtiennement; qui nous fait faire des bonnes œuures ; & qui eſt neceſſaire pour toutes nos actions particulieres, ſuiuant cette maxime de foy definie par l'Egliſe contre Pelagius ; *la Grace de Dieu eſt donnée, pour chaſque bonne œuure.* Mais l'auteur du Pere Sirmond tenant que la volonté de l'homme n'a aucune infirmité naturelle, ny aucune maladie interieure, & qu'elle eſt forte & vigoureuſe dans ſoy-meſme, comme il paroiſtra encor dauantage

Gratiã dei & adiutorium non ad ſingulos actus dari, ſed in libero arbitrio eſſe vel, in lege, ac doctrina. *Aug. de Geſtis Pelag. c. 14. & 55.*

Anathematizat eos, qui gratiam Dei & adiutorium, non ad ſingulos actus dicunt dari *Aug. de Geſtis. Pelag. c. 14.*

par ses autres propositions ; & que l'infirmité & la maladie que les Peres & l'Escriture luy attribuent, sçauoir la concupiscence, & vne partie de sa santé, & vne faculté que Dieu luy a donnée, comme ses autres proprietez naturelles, & comme tous les membres de son corps, ainsi qu'il a esté prouué par ses paroles ; il ne faut pas s'estonner qu'il ayt cõclu qu'elle n'auoit pas besoin d'autre Grace, que de celle qui enseigne, qui monstre, & qui commande ce qu'il faut faire & non de celle qui donne la force d'obeyr, & l'obeyssance actuelle, puis qu'il a creu qu'elle l'auoit d'elle mesme, contre le sentiment de l'Eglise, & de l'Escriture.

XVII. Il croid que la liberté que le S. Esprit nous donne, & qui est signifiée par ces paroles, *vbi spiritus Domini, ibi libertas*, n'est pas vne vraye Grace & vn don particulier de la misericorde de Dieu, mais vne chose commune aux bõs & aux meschans. Car il dit, que *par cette liberté, que la Grace donne, les vns font plus de biẽ que Dieu n'en commande, & les autres fõt plus de mal que Dieu n'ẽ deffẽd.* Or par la vraye Grace du S. Esprit, on ne fait que le biẽ, suiuant l'Escriture, *Charitas malum non operatur.* D'où il s'ensuit que cette liberté & cette Grace pretenduë, par laquelle on fait le mal, ne peut estre proprement vne grace du S. Esprit. Aussi ce qu'il dit, que par cette Grace *les vns*

Nos libertatem istam non hominis superbiæ tradimus, sed gratiæ Dei & eius gloriæ definimus : quæ tantum concedit, vt plus faciant alij quam præcipit bonum, & quo etiam plus faciant alij quam prohibet malum. *Pag.* 194.
1 *Rom.* 13. & 1. *Cor.* 13.

*font plus de bien que Dieu n'en commande,* eſt vne parole Pelagienne, laquelle Pelagius fut contraint d'eluder par vne equiuoque & vne explication eſloignée de ſon ſentiment, lors qu'elle luy fut obiettée au Concile de Paleſtine, S. Auguſtin teſmoignant que luy & ſes diſciples entendoient que nous ne pouuons pas ſeulement accomplir parfaitement toute la Loy dans ce monde, & eſtre auſſi pleinement iuſtes que nous le ſerons dans le Ciel : mais que nous pouuons meſme paſſer plus outre, & faire quelque choſe de plus que Dieu ne commande. Et il eſt clair que cét auteur imite icy leurs paroles, comme il ſuit leur hereſie, ainſi qu'il paroiſt par la pluſpart de ſes propoſitions. Quant a ce qu'il adiouſte, que par cette meſme liberté de Grace, *les autres font plus de mal que Dieu n'en deffend;* C'eſt la penſée d'vn homme ignorant ou malicieux, eſtant certain qu'il n'y a aucun crime, ny aucun peché imaginable que Dieu ne deffende, & qui ne ſoit contraire à ſes commandemens.

*Aug. l. de geſt. Pelag. c. 13.*

XVIII. Il ne faut point s'eſtonner s'il dit que la liberté que le S. Eſprit nous donne par ſa Grace, eſt commune aux bons & aux meſchans, parce qu'il tient que ce n'eſt qu'vne choſe corporelle. L'Arbitre, dit-il, eſt dans l'ame, & la liberté dans le corps. Et parce que cette propoſition

Arbitrium in anima eſt, libertas in corpore, *pag. 194.*

est inoüye & extrauagante, il l'explique en cette maniere : *lors que vous tenez vn voleur enfermé, vous luy ostez la liberté de voler, mais vous ne luy ostez pas l'Arbitre. Vous liez les mains, & non pas son esprit. Lors qu'vn homme suject à la concupiscence des yeux deuient aueugle, la liberté de ses yeux est liée, mais l'Arbitre demeure en son premier estat. Car il s'entretient autant qu'il veut dans ses mauuais desirs par la concupiscence de son esprit. C'est pourquoy Iesus Christ appelle adultere celuy qui regarde vne femme impudiquement, lors mesme qu'il ne commet pas actuellement l'adultere, parce qu'il a l'Arbitre, encore qu'il n'ayt pas la liberté.* Il est manifeste par ce discours & par ces exemples, qu'il ne met pas la liberté dans la volonté, mais seulement dans l'exterieur, & comme il dit luy-mesme, *dans le corps*, lequel il appelle libre lors qu'il n'y a rien qui l'empesche d'executer les mouuemens de la volonté. Et ainsi lors qu'il dit que *là où est l'Esprit de Dieu, là est la liberté*. Il entend que la liberté que le S. Esprit nous donne, consiste en ce qu'il esloigne les empeschemens qui nous peuuent venir de la part des creatures, & non qu'il agit interieurement dans nos ames en leurs communicant vne vigueur & vne puissance nouuelle ; parce qu'il tient qu'elles sont assez fortes & assez puissantes dans elles mesme par leur faculté naturelle, & par leur franc Arbitre, pour-

Si aliquem furem tenueris clausum, libertatem ei furandi tulisti, arbitrium non tulisti. manus enim eius ligasti, non mentem si cœcus fiat aliquis, cũ n esset cõcupiscentiis deditus oculorum, libertas quidẽ oculorum eius est vincta, arbitrium in suo iure permansit, animi enim arbitratu concupiscentiis exercetur. Vnde & non mœchãtem mœchũ Christus appellat eum, qui ad concupiscẽdum viderit mulierem, arbitriũ enim habet, licet nõ habeat libertatem. *pag. 145.*

lieu qu'elles ne rencontrent aucun empeschement au dehors. C'est en ce sens qu'il dit, *que sans la Grace de Dieu l'Arbitre n'est pas libre, mais captif*; Et que *le libre Arbitre se trouue où est la Grace Diuine*; parce que si le S. Esprit n'oste les empeschemens exterieurs qui arrestent la volonté de l'homme, elle ne peut accomplir actuellement ses desirs. C'est en ce mesme sens qu'il aduoüe quelquefois qu'il faut attribuer à la Grace de Dieu *tout le bien que nous faisons*, parce que nous ne sçaurions exercer aucune bonne œuure, si Dieu ne nous presente l'occasion de la faire, & n'esloigne tout ce qui la pourroit empescher. Ce langage equiuoque & trompeur est commun à tous ses heretiques, & par dessus tous les autres aux Pelagiens; & confirme ce que nous auons desia fait veoir, que cét auteur n'a pas moins sçeu imiter leurs artifices, que leurs heresies, quoy que les façons de parler dont il vse luy soient particulieres, & qu'elles ayent esté incognuës aux autres Pelagiens, aussi bien qu'aux Catholiques.

Nos liberum arbitriũ ibi dicimus esse vbi diuina gratia consistit, sine gratia enim non est liberum sed captiuum arbitriũ. pag. 194.

Nihil vindicamus humanæ potentiæ, totũ quicquid bonum est, Dei misericordiæ applicamus. pag. 158. 159. 198.

XIX. Il dit que ces paroles de Iesus-Christ, *personne ne peut venir a moy, si mon Pere ne l'attire*, signifient que *personne, quelque sainct qu'il soit, ne peut monter à luy dans le Ciel, où il est assis à la dextre du Pere, si le Pere ne l'attire*, & ne l'aide à y monter; ruinant par cette explication

Nemo venit ad me, id est virtute sua nemo potest venire ad me. Non est enim sanctitati hominis possibile adscendẽdi ad me, vbi sedeo ad dexteram patris, nisi quem pater ad traxerit. pag. 155.

extrauagante l'vn des principaux fondemens de l'Eglise contre les Pelagiens, & parlant conformément au principe qu'il a estably, que la Grace du S. Esprit, & la liberté qu'il nous donne, ne consiste que dans le corps, & dans le pouuoir d'agir exterieurement.

XX. Il tient que le Baptesme deliure l'homme de toutes les taches du peché, & luy donne la perfection de la Grace & de la sainteté, en sorte qu'il n'attend plus l'accomplissement de son salut, mais qu'il le possede pleinement. *Toute* [a] *nostre esperance* (dit-il) *consiste dans la sanctification du Baptesme. L'adoption* [b] *des enfans de Dieu ne nous est pas promise au Baptesme, mais nous est conferée*, sans qu'il en faille esperer vne plus parfaicte. C'est pourquoy expliquant ces paroles, *vous* [c] *auez esté sauuez en esperance*, il remarque que l'Apostre *ne dit pas, vous serez sauuez*, mais *vous auez esté sauuez*, comme s'il ne r'estoit plus aucune partie du salut à esperer depuis qu'on a reçeu le Baptesme. Tellement que ce qu'il croid que nous auons encor à esperer, estans baptisez, c'est la resurrection, laquelle seule il veut que l'Apostre ayt marqué par le mot d'esperance. [d] *Pourquoy* (dit-il) *en esperance? Parce que nous experons resusciter, n'estans pas encore resuscitez.* Ce qui fait qu'il ne peut souffrir que ses aduersaires disent que le Baptes-

a Nobis spes tota videtur in baptismatis sanctificatione constare *p.* 204.

b Nō ergo adoptio filiorum promittitur in baptismo, sed confertur. *Ibid.*

c Nota tibi salui facti. Non dixit saluandi sed salui facti. Præteritum fecit salutis, dum credidimus salui facti sumus *pa.* 203.

d Quare spe? speramus enim nos resurgere Non enim iam resurreximus. *Ibid.*

me n'oste pas tous les restes du peché, & que nous deuons attendre l'accomplissement de la iustice & de la remission des pechez apres cette vie, dans la gloire. C'est quelque chose de plus que les Pelagiens n'ont iamais dit. Car ils ont bien enseigné que l'homme pouuoit acquerir dans ceste vie vne saincteté, & vne iustice parfaite ; & S. Augustin a escrit des liures entiers contre cette erreur ; mais ils n'ont iamais esté si extrauagans, que d'asseurer que le Baptesme donne aux hõmes cette perfectiõ de Grace & de Iustice, apres laquelle il n'y en a plus à esperer ; en sorte que tous les baptisez soient bien heureux & aussi parfaicts en Grace qu'ils seront dans le Ciel, puis qu'il ne leur reste plus à esperer que la resurrection des corps. Aussi il ne faict point difficulté de leur donner le nom de biẽheureux, soustenant que le baptisé ne doit plus dire, *ie suis vn*[e] *homme mal heureux*, selon l'Escriture, *mais ie suis vn homme heureux, parce que ie suis sorty de tous les maux où i'ay esté, & i'ay acquis tous les biens des enfans de Dieu. Que*[f] *le mal n'habite plus dans sa chair, mais le bien : Qu'il ne void pas dans luy mesme vne loy contraire à celle de son esprit : Qu'il n'est plus captif, mais qu'il est libre : Qu'il n'a pas seulement la volonté de faire le bien, mais la puissance de l'accomplir parfaitement par sa bonne volonté.* Qu'il n'est plus charnel, mais

[e] Et iam non infœlix homo, sed fœlix ego homo, quia hæc omnia mala euasi, & hæc omnia bona inueni. *Pag* 171.

[f] Veniat ergo gratia baptismatis sacri, & carnalem hunc facit spiritalem, & venundatũ sub peccatum, redimet à peccato, & iam nõ dicit, quod operor non intelligo. Non enim quod odi malum, hoc a-

spirituel, & qu'il n'a plus dans soy-mesme aucune concupiscence mauuaise. S. Augustin escrit *que si S. Paul n'auoit point la concupiscence, il estoit aussi iuste que les Anges*. Mais cét auteur ne se contente pas de donner cét aduãtage à S. Paul, lors qu'il dit qu'estant en ce monde *il n'estoit pas mal heureux, mais bien-heureux & sainct* : l'excez de son aueuglement l'emporte plus outre, & luy fait attribuer cette excellence à tous les baptisez qu'il rend aussi saincts & aussi parfaicts que luy, & que tous les bien-heureux, en sorte qu'il n'y ayt nulle difference entre le ciel & la terre, entre le Paradis & la vallée de larmes, puis qu'il ne reste plus rien aux vns & aux autres que la resurrection de leurs corps, leurs ames ayant acquis en vn moment la plenitude de la Grace & de la saincteté au Baptesme; ie ne sçay cõmẽt le P. Sirmõd n'a point veu ces excez; où s'il les a veus, cõmẽt il a eu le courage d'asseurer publiquemẽt qu'il n'y a riẽ dans ce liure qui soit digne de reproche.

Aug. serm. 5. de verb. Ap. pag. 171.

gi; sed quod vult bonum hoc faciet scit enim quoniam iam habitat in carne eius bonum, id est spiritus sanctus, per quem & velle ei adiacet, & perficere inueniet pro sua bona voluntate. Iam que securus est, & condelectatur legi Dei secundum interiorem hominem: quia nõ videt aliam legem in membris suis. Solam enim legem Christi in se habet, quæ non repugnat legi mentis eius, & non eum ducit captiuum in legẽ peccati, sed liberum eum ducit ad vitam æternam. *pag.* 170.

XXI. Il dit que l'Eglise n'a pas condamné Pelagius pour auoir tenu *que* g *l'homme peut par son franc Arbitre cesser de pecher, & ne commettre plus aucun peché*. Et il pretend qu'il n'a esté condamné que parce qu'il *esleuoit trop la liberté du franc Arbitre en reiettant l'assistance de Dieu*. Mais il n'a rien à reprocher à Pelagius sur ce poinct, parce qu'ayant esté accusé de

g Ait liber eorum, Hæresem Pelagianam iterum renouatis, cum dicitis per libertatem arbitrij homines finem ponere posse peccatis. Pelagium non hinc condannauit Ecclesia, Obijcit enim ei, quod in tantum exaggerasset libertatem Arbitrij, vt Dei adiutorium recusaret *pag* 192.

tenir que l'homme *pouuoit* [h] *estre exempt de peché sans la Grace de Dieu* : il prononce *Anatheme contre celuy qui diroit, que l'hōme peut sans le secours de Dieu paruenir à la perfection de toutes les vertus* ; c'est à dire viure sans pecher, puisque pour euiter tous les pechez il faut auoir toutes les vertus. Il est vray que ses paroles estoiēt ambiguës, & qu'il n'entendoit pas la vraye Grace de Iesus-Christ : mais il estoit en cela semblable à cét auteur, & il entendoit comme luy par le mot de *Grace & assistance de Dieu*, les instructions, les exhortations, les promesses, & les menasses, l'esloignement des empeschemens exterieurs, & autres semblables secours, qui n'agissent point interieurement dans la volonté de l'homme. Il ne reiettoit pas mesme, mais il recognoissoit volontiers la remission des pechez, & la Grace iustifiante conferée par le Baptesme & par les autres Sacremens, comme il est manifeste par les paroles de Iulien dans S. Augustin. De sorte que cét auteur ne peut prendre sur luy aucun aduantage : & si Pelagius n'a pas laissé d'estre condamné pour auoir dit que l'homme pouuoit viure sans pecher dans ce monde, cét auteur doit auoir part à sa condamnation, comme il en a à son erreur. Car celuy qui dit, que l'homme peut cesser icy de pecher, & viure sans offenser Dieu en aucune chose, sur tout l'entendant

h Dixit Pelagius, & ego sic credo Anathema sit, qui dicit absque adiutorio Dei posse hominem ad profectum omnium venire virtutum. *Aug. de gest. Pelag. c. 14.*

*lib. 1. op. imp. n. 53. & 95. &c.*

non de quelque Sainct, à qui Dieu aura faict cette Grace par vn special priuilege, mais generalement de tous les baptisez, comme les Pelagiens l'entendoient, & cét auteur auec eux, ne peut estre excusé d'heresie, puis qu'il combat les Escritures qui declarent aux plus iustes, que s'ils disent qu'ils n'ont point de peché, ils se seduisent eux-mesmes: & que la verité n'est point en eux; & il renuerse l'oraison que Iesus-Christ nous a apprise, qui nous commande de demander tous les iours pardon de nos pechez, sans en excepter les plus grands saincts, & les Apostres mesmes, comme dit S. Augustin. Car Dieu ayant declaré par ces lieux de l'Escriture, & par plusieurs autres, que les hommes ne peuuent pas estre sans peché dans cette vie par la grace ordinaire qu'il leur donne, il faut necessairement que ceux qui attribuent cette perfection au commun des fidelles, tiennent qu'ils la peuuent auoir d'ailleurs que de la Grace de Iesus Christ, c'est à dire de leur propre volonté & de leurs propres forces.

*1 Ioan. 1.*

*Aug. lib. 4. ad Bonif. c. 10. 11. &c.*

XXII. Il dit que *personne ne paruient à la Grace de Dieu, que celuy qui a couru à elle auec foy*; voulant que cette course, cette foy, & cette volonté soient de l'homme, & non de la grace. C'est pourquoy il dit plus bas, *qu'il aduance sa course, & estend sa volonté, afin de receuoir le don de la Grace*; tesmoignant que cette course & cette

Nos autem adserimus, neminem gratiam Dei consequi, nisi qui ex fide cucurrerit. *pag* 156.

Cursum suum & voluntatem ad hoc extendit, vt acciperet à donante. *Pag* 157.

application de la volonté precede la grace, & ne precede point d'elle, mais du franc Arbitre. Car il dit, *qu'il est si vigoureux, qu'il a la force d'obeyr à Dieu*, c'est à dire de suiure la vocation de Dieu par luy-mesme & par sa vertu naturelle. Et quoy qu'il declare qu'il ne croid pas pour cela que l'homme puisse meriter la grace, parce que sa volonté & sa course sont peu de chose en comparaison des biens que la Grace luy donne, qui surpassent infiniment toutes les actions humaine; il n'en est pas moins Semipelagien, puis qu'on sçait que les Semipelagiens apres auoir releué auec excez la volonté de l'homme, en luy donnant la force de s'aduancer d'elle-mesme vers la Grace & d'estre le principe & la source de son propre salut, auoient accoustumé de la rabaisser en paroles, pour éuiter le blasme de destruire la Grace en la rendant despendante de nos merites, comme les Pelagiens; puis que si la Grace est donnée aux merites, elle n'est plus Grace, mais recompense, selon l'Escriture & selon les Peres. Tellement que cét auteur est Semipelagien en cela mesme, & il a appris des Semipelagiens cette subtilité & cette tromperie, par laquelle ils iettoient la poudre aux yeux des ignorans & des simples. Car il a si bien recogneu auec eux, que la volonté & la course de l'homme meritoient en effect

Libertas itaque arbitri ita in nobis viget, vt Deo posset obedire. pag. 193.

Rom. 11.

la grace, qu'il n'a peu s'ẽpescher de l'adnoüer ailleurs, disant, *que lors que les hommes vont au bien, Dieu leur rend aussi-tost la recompense de leur foy, en leur donnant la remission des pechez, & les faisant enfans de Dieu.* Il confesse donc que cette course & cette foy de l'homme, qu'il disoit auparauant ne meriter point la grace, la merite tellement, qu'elle luy est donnée comme recompense.

Si quidem veniẽtibus ad bonum, si dei eorum statim remunerationẽ exhibeat, conferendo indulgentiam peccatorum, & Dei filios faciendo. *pag.* 109.

Apres auoir cõuaincu cét auteur de tãt de Pelagianismes, & de tant d'excez encore plus enormes, il n'est pas neçessaire de representer les Semipelagianismes dõt il a remply son liure imitant tousiours non seulement les maximes des Semipelagiens, leurs distinctions, leurs deffaites, leurs calomnies, mais aussi leurs termes particulieres. Comme parlant de la maniere dont la grace agit dans les hommes, il dit d'ordinaire, *qu'elle resueille la volõté endormie:* & on sçait que ce lãgage estoit familier aux Semipelagiens, pour marquer que la Grace ne donnoit pas proprement de nouuelles forces à la volonté, mais l'aduertissoit seulement de se seruir de celles qu'elle auoit d'elle-mesme; comme celuy qui resueille vn homme qui dort, ne le fortifie point : mais luy rend seulement la cognoissance & la lumiere que le sõmeil luy auoiẽt ostées. Aussi il ne dit iamais auec l'Apostre que la Grace donne le vouloir ou la volonté, mais

Ecce gratia excitans dormientem *par.* 184.

Dormientẽ quotidie excitat volũtatem *pag.* 152.

mais seulement qu'elle l'exige : *Antecedens gratia exigit voluntatem*, pour monstrer que le libre Arbitre a la force de vouloir par luy-mesme ce que Dieu luy demande. Car il escrit plusieurs fois que Dieu ne pourroit commander rien à l'homme s'il n'auoit en soy-mesme la puissance de le faire *que la liberté naturelle de la volonté est si vigoureuse dans nous, qu'elle a la force d'obeyr à Dieu : & qu'elle est si affoiblie, qu'elle peut mespriser Dieu, qui est l'auteur de cette liberté*: c'est à dire en termes clairs, que la liberté de nostre volonté est aussi forte en nous, qu'elle a esté en Adam dans l'estat d'innocence, puis qu'en cét estat Adam auoit tellemẽt la force d'obeyr à Dieu ; qu'il pouuoit aussi le mespriser, comme il l'a mesprisé en effect. Car le pouuoir de mespriser Dieu ne marque aucune impuissance particuliere à l'homme deuenu pecheur, luy estant commune auec l'homme innocent, & entierement inseparable de sa condition naturelle, qui est d'estre creature capable de tomber dans le peché & dans la mort, en celà differente de Dieu, qui est de soy impeccable & immortel. Et ainsi cette derniere proposition n'est pas tant Semipelagienne, que Pelagienne pure, & des plus pernicieuses.

*pag* 182.

Libertas itaque arbitrij ita in nobis viget, vt Deo posset obedire : ita infirmata est in nobis, vt etiam ipsum Deum possit contemnere, à quo ipsa libertas est data. *pag* 193.

## Chap. II.

### *Faussetez, fables, & ignorances grossieres de cét auteur.*

IL a corrompu malicieusement vn passage de l'Epistre aux Romains. Car au lieu qu'il y a, *non ex operibus, sed ex vocante dictum est, quià maior seruiet minori*; il l'allegue en cette sorte; *à præsciente dictum est quià maior seruiet minori*, afin de faire dire à l'Apostre, que Dieu auoit predit que l'aisné des enfans d'Isaac seroit esclaue du ieune, parce qu'il auoit preueu leurs œuures: au lieu que le texte porte clairement, que Dieu a predit cela, non à cause de leurs œuures, mais à cause de sa volonté & de sa misericorde.

pag. 121.

Il confirme ses erreurs par vn faux passage de l'Escriture, *Pater neminen trahit inuitum*, qui ne se trouue nulle part dans les liures Canoniques.

pag. 172.

Il attribuë faussement à S. Paul ce qu'il n'a pas dit: *S. Paul* (dit-il) *parle aux Iuifs pour leur oster la tristesse, disant: Pourquoy nous empeschez vous maintenant de parler aux Payens, de peur qu'ils ne soient sauuez, veu que vous sçauez que Dieu a dit à Abra-*

Ad loquitur eos vt non contristentus, dicens. Quid nũc prohibetis nos gentibus loqui ne saluæ fiant, cum scitis Deum dixisse ad Abraham, quod in semine tuo

*bam, Ie poſſederay toutes les nations dans ta ſemence?* Ce diſcours n'eſt ny de S. Paul, ny de l'Eſcriture : Et s'il y a quelques mots de S. Paul, ils n'ont pas eſté dits aux Iuifs, mais aux Gentils conuertis de la ville de Theſſalonique, hæreditabo omnes gentes. *pag.* 125. 1. *Theſſal.* 2.

Il rapporte fauſſement les paroles du liure des Actes, en cette maniere : *Prædiximus vobis nè prædicaretis hoc nomen : vos autem repleſtis omnes doctrinâ veſtrâ :* afin de prouuer que les Iuifs parlerent ainſi aux Apoſtres pour leur reprocher qu'ils preſchoient toutes les nations, & les Payens meſmes. Au lieu que le texte porte non *repleſtis omnes doctrinâ veſtrâ*, comme dit ce fauſſaire, mais *repleſtis Hieruſalem doctrinâ veſtrâ* ; & que les Iuifs ſe plaignoient non de ce que les Apoſtres preſchoient les Gentils, l'Eſcriture teſmoignant qu'ils ne l'auoient pas fait encore en ce temps-là, mais de ce qu'ils preſchoient ſimplement Ieſus Chriſt dans Ieruſalem, & qu'ils les rendoient coupables de ſa mort ; *& vultis inducere ſuper nos ſanguinem hominis iſtius.* *pag.* 125. *Act.* 5.

Mais la hardieſſe auec laquelle il a inuenté des hiſtoires des auteurs, & des fables imaginaires & ridicules, & l'ignorance groſſiere auec laquelle il les a debitez, eſt fort remarquable. Il dit que Hyginus, Polycrates, Africanus, Heſiodus, ont eſcrit en Grec deuant S. Epiphane des volumes contenans pluſieurs liures, *pag.* 9. & 26.

où estoient descrites toutes les heresies. Ce sont auteurs inouys & incognus à toute l'Antiquité : & il faut ou qu'il les ayt inuẽtez luy-mesme, ou qu'il ayt suiuy trop legerement des memoires faux & des auteurs apocryphes, ou qu'il se soit mespris en pensant auoir trouué dans les liures ce qui n'y estoit pas. S'il eust sçeu que S. Iustin martyr auoit fait vn volume contre toutes les heresies, il eust eu plus de raison de le mettre de ce nombre bien que ce volume soit perdu, & qu'il y ayt apparence qu'il l'est depuis plusieurs siecles.

pag. 50. Il dit que le premier qui resista aux Ariens fut Hesychie Euesque de Corinthe, & que ses prieres firent mourir subitement Arius en respandant toutes ses entrailles. Ie ne sçay comment le P. Sirmond n'a point apperçeu des fautes si lourdes ; ou s'il les a apperçeuës, comment il a peu se resoudre de publier vn auteur si impertinent & si indigne de veoir le iour. Car il n'y a personne, qui ayt si peu de cognoissance de l'histoire de l'Eglise, qui ne sçache que le premier qui escriuit contre Arius, & qui l'excommunia, fut Alexandre Euesque d'Alexandrie, & que celuy qui le fit creuer miraculeusement par ses prieres, fut Alexandre Euesque de Constantinople.

Il dit, que Tertullian a escrit excellemment & incomparablement de toutes choses, & qu'il n'a erré qu'en ce qu'il a deffendu Montanus contre Soter Euesque de Rome, lequel il pretend auoir condamné l'heresie des Tertullianistes. Autant de mots, autant de fautes honteuses. Car n'y le Pape Soter n'a peu rien escrire contre Tertulliain, ny Tertulliain n'a rien escrit contre Soter, du temps duquel il n'auoit pas encore erré, & n'estoit pas mesme Chrestien ; mais contre Zephyrin sur le suject de la Penitence, en laquelle il asseure faussement qu'il a suiuy la doctrine de l'Eglise, estant clair par les escrits de Tertulliain lesquels il paroist que cét auteur n'a iamais leu, qu'il n'a pas voulu qu'on reconciliast ceux qui auoient commis des plus grands crimes, ny qu'on les receust à la Communion, & qu'en cela il a esté le Precurseur des Nouatiens. Il est aussi faux que Tertulliain n'ait erré qu'en deffendant Montanus, puis que personne n'ignore les erreurs qu'il a euës touchant le Baptesme conferé par les heretiques, la fuitte durant la persecution, & quantité d'autres qui luy estoient particulieres, & dõt les Montanistes n'ont point esté accusez. Et cét auteur escrit luy-mesme peu apres, que *quelques-vns accusent Tertulliain d'auoir tenu que l'ame de l'hõme engẽdre vne autre ame, cõme le corps engendre vn autre corps* : Et il adiouste, *que la foy Catholique*

Qui cùm omnia benè & primè & incõparabiliter scripserit, in hoc solũ se reprehensibilem fecit, quod Montanum defendit, agens contrà Soterem supradictum vrbis Papam *pag 28 & 77 & 79.*

*In lib. de pudic. toto &c.*

Objiciunt quidam Tertullianoq; quod animam ex traduce, id est animam dixerit ita gigni ex anima sicut ex corporibus corpus, quod catholica fides vehemẽter execratur. *ibid & 79.*

*Tertull. lib. de anim. toto.*

*d'etest e entierement cette doctrine.* De sorte qu'estant indubitable que Tertulliain l'a tenuë, comme il paroist par ses escrits, quoy que cét homme ridicule en parle douteusement & sur la foy des autres par vne ignorance inexcusable; il s'ensuit selon luy-mesme que Tertulliain a eu vne opinion detestable, qui n'estoit pas comprise dans l'heresie de Montanus, laquelle il dit n'auoir esté differente de la doctrine de l'Eglise, *qu'en ce qu'elle ne receuoit pas les secõds mariages, & qu'elle approuuoit la Prophetie de Montanus touchant le dernier iugement.* Il est vray que tout ce discours est encore plein de fautes, & qu'il est premierement faux, que ce fust au temps de Tertulliain, ny plusieurs siecles apres, vne heresie, execrable contre la foy, de dire que l'ame est formée d'vne autre ame, comme le corps est formé d'vn autre corps, puis que S. Ierosme & S. Augustin en ont douté, & que le dernier a fait des liures entiers pour prouuer que c'estoit vn poinct qu'on ne pouuoit decider, n'y en ayant riẽ d'asseuré, ny dans l'Escriture, ny dans la doctrine de l'Eglise. Aussi l'erreur de Tertulliain ne consistoit pas en cela, comme dit cét auteur ignorant: mais en ce qu'il tenoit que l'ame de l'homme estoit vn corps & non pas vn esprit, & qu'elle auoit des parties & des membres, comme les corps; ainsi qu'il se void

Hoc solum discrepamus, inquit, quod secũdas nuptias non recipimus, & prophetiam Mõtani de futuro iudicio non recusamus. *Ibid.*

*Aug. in lib. de orig. an. & ep. 7. 27. &c.*

particulierement dans ſon liure de l'ame.

Il eſt auſſi faux que la doctrine de l'Egliſe n'ayt eſté differente de celle des Montaniſtes, qu'en ce qu'ils condamnoient les ſeconds mariages, & approuuoient la Prophetie de Montanus; parce que Tertulliain meſme teſmoigne qu'ils ont eu d'autres erreurs touchant le Bapteſme, la penitence, le ieuſne, & autres.

Il eſt encor faux que Tertuliain ayt parlé de la Prophetie de Montanus, qui prediſoit la fin du monde: de laquelle il ne ſe trouue rien dans ſes eſcrits; & cét auteur a forgé le paſſage qu'il allegue pour le prouuer, quoy que ce paſſage contienne plus de trois lignes. Mais vn fauſſaire peut voir & trouuer ce qu'il veut.

Il dit que ceux qu'on accuſa de boire le ſang des petits enfans, furent les Montaniſtes; *mais que cela eſt incertain, & qu'il n'en parle que pour faire voir qu'il n'ignore pas ce qu'on dit d'eux.* Cependant il adiouſte que Tertulliain deffendãt Mõtanus contre le Pape Soter, *aſſeure que ce qu'on diſoit du ſang des petits enfans eſtoit faux.* D'où on peut colliger trois choſes contre cét auteur ridicule. La premiere, qu'il n'eſtoit donc pas incertain ſi les Montaniſtes eſtoient coupables de ce crime horrible, puis que Tertulliain aſ-

*pag* 28.

Cætera quæ dicũtur quaſi incerta prætereo De infantis ſanguine eos accipere, quod ideo dicimus, ne videamur ignorare omnia quæ de ei dicũtur. *pag* 28.

Montanum defendit, agens cõtra Soterẽ ſupradictum vrbis Papam, aſſerẽs falſa eſſe de sãguine infantis. *ibid.*

ſeure le contraire: ſi ce n'eſt qu'il le veille démentir. La ſeconde, qu'il commet vne nouuelle fauſſeté en citant encor des paroles de l'ouurage pretendu de Tertulliain contre le Pape Soter, auec lequel il n'euſt iamais rien a démeſler ſur ce ſuject : & il ne ſe trouue perſonne dans l'antiquité qui ayt ouy parler de cét ouurage. La troiſieſme, qu'il eſt encor faux que ce fut les Montaniſtes qu'on accuſa de boire le ſang des enfans ; & il eſt ridicule au dernier poinct de dire qu'il n'en parle que pour monſtrer qu'il n'ignore pas ce qu'on leur a imputé, comme s'il vouloit prouuer ſa ſcience par ſon ignorance & par ſes fauſſetez. Car il eſt clair par les anciens, & par Tertulliain meſme, que ce reproche a eſté faict long-temps auparauant par les Payens à toute l'Egliſe, puis que S. Iuſtin martyr y a reſpondu dans la ſeconde Apologie, & auec tant de moderation, qu'il n'oſe pas ſeulement le reietter ſur les heretiques de ſon temps, comme n'en ſçachant rien auec certitude.

Contra hũc beatus Xiſtus Martir & Epiſcopus, & venerabilis Cyprianus Martir Chriſti, tũc Chartaginēſis pōtifex, ſcripſit contra Nouatum librũ de lapſis, quod poſſint per pœnitentiã recuperare gratiã, quam labendo perdiderant, *pag.* 34.

Il dit que S. Xyſte & S. Cyprien ont eſcrit contre Nouat, & que S. Cyprien a faict contre luy le liure *de Lapſis*, pour monſtrer que ceux qui eſtoient tombez durant la perſecution pouuoient recouurir la Grace, quoy que Nouat enſeignaſt le contraire. Mais il n'y a nouice qui ne ſçache que l'hereſie des Nouatiens eſt

naye

paye sous S. Corneille Pape, & non sous Xyste, qui a vescu long-temps auparauant : & il ne faut que lire le liure de S. Cyprien *de Lapsis*, pour veoir qu'il l'a faict, non pour prouuer que ceux qui auoient peché, pouuoient rentrer en Grace par la Penitence, mais pour refuter vne erreur toute contraire, qui rendoit la reconciliation des pecheurs trop aisée, & les receuoit sans vne penitence legitime.

Il dit que l'Eglise s'est contentée de condamner les Basilidiens comme des possedez, sans disputer contre eux: estant si ignorant, qu'il n'auoit iamais leu la refutation de leurs erreurs dans sainct Irenée, & dans sainct Epiphane. *pag. 10.* *Iren. l. 1. c. 23 l. 2. c. 22 65 &c.*

Il dit que S. Iean Euesque de Constantinople pour gaigner les heretiques surnommez *Quartodecumans*, qui furent cōdamnez parce qu'ils celebroient la feste de Pasques au mesme tēps que les Iuifs, & non au temps ordonné par l'Eglise, s'en alla auec tout son Clergé celebrer auec eux cette feste, *disant, comme nous auons celebré la Pasque auec vous, venez aussi & receuez nostre coustume*; & qu'ainsi il les r'amena à l'Eglise en quantité de villes. Histoires Apocryphes, dont il n'y a nulle trace dans l'antiquité, & tres-indigne de la vertu & du zele de Sainct Iean Chrysostome, qui eust mieux aimé mourir mille fois, que de transferer son

Sicut nos vobiscum celebrauimus Pascha, venite & vos nobiscum suscipite. *pag. 30.*

Clergé dans les Eglises des heretiques, & communiquer auec eux, & principalement auec ceux-là, qui auoient esté condamnez par le premier Concile Oecumonique de Nicée.

Nostro Origeni Catholico tractatori. *pag* 36.

Ampullianus quidam Hæresiarches Bithynius, qui docebat post Origenē Ecclesiā Dei. *p*. 37.

Apres auoir dit, qu'Origene à escrit beaucoup de choses mauuaises, il l'appelle *Docteur Catholique* : & apres auoir dit qu'vn certain *Ampullianus de Bithynie qui enseigna apres luy l'Eglise de Dieu*, estant deuenu Heresiarque, & soustenant que les meschans & les Demons seroient enfin sauuez, produisit pour son erreur les liures d'Origene, qu'il auoit falsifiez ; & dit que le martyr Pamphylus escrit dans son Apologie, que ce qu'il y a de mauuais dās les liures d'Origene, n'est pas de luy, mais de ceux qu'il refute ; & que ce qu'ō y trouue entieremēt corrōpu, vient de deux heretiques de mesme nom que luy. Il n'y a persōne qui ne puisse veoir dans ce discours, non seulement la hardiesse, mais aussi la stupidité de l'auteur que le P. Sirmond nous donne pour vn oracle. Car si ce qu'il y a de mauuais dās les liures d'Origene n'est pas de luy, mais de ceux qu'il refute, ils n'ont point esté falsifiez ; & si les falsifications de ces liures ont esté faites par deux heretiques de mesme nom que luy, elles n'ont pas esté faites par le pretendu Ampullianus son successeur. Aussi est-ce vn homme dont les plus grands deffenseurs d'Origent n'ont iamais fait mention ; non plus que de ces deux Origenes heretiques corrupteurs des eſcrits de l'Origene Orthodoxe : comme ſi pour falſifier les eſcrits d'vn autre, il eſtoit neceſſaire de porter ſon nom.

Mais ce qu'il dit enſuitte, *que ceux qui ont le ſens bon, & les yeux perçans*, ſplendidos oculos, *voyent & recognoiſſent auſsi clairement les erreurs qui ont eſté meſlez dans les eſcrits d'Origene, comme on void des pieces d'etoffe blanche ou d'vne autre couleur attachées à vn tapis d'eſcarlatte*; & qu'il n'y a *que les Catholiques ignorans & menteurs* qui les imputent à Origene ; c'eſt vne folie & vne inſolence ſi grande, qu'elle n'a peu tomber que dans vn eſprit entierement eſgaré. Car il s'enſuit de là que les plus grands ſaincts de l'Egliſe, qui n'ont point recogneu ces falſifications, & qui ont attribué à Origene meſme les mauuaiſes maximes qui ſe liſent dans ſes œuures, ont perdu le ſens, & ont eſté aueugles, ignorans & menteurs, comme S. Baſile, S. Epiphane, S. Ieroſme, S. Auguſtin, & quantité d'autres, ſans parler du V. Concile Oecumenique, qui a Anathematizé non ſeulement ſes eſcrits, mais auſſi ſa perſonne.

Sed qui ſani ſẽſus eſt, & habet ſplẽdidos oculos, ſic videt addita in Origenis opuſculis mala iſta atque cognoſcit ſicut ſi in ſtragulo coccineo pannos albos, aut cuiuſque alterius coloris cernat adſutos. *ibid.*

Apres ces extrauagances on ne s'eſtonnera pas qu'il aſſeure que le martyr Pamphilus *qui a eſcrit vne Apologie pour Origene, a eſté Eueſque, & qu'il a exercé ſa*

Sanctus Martyr Pãphilus, qui antequã ad martyrij coronam ad tingeret, inreprehenſibiliter cathedram Epiſco-

patus obtinuit, & sanã doctrinã Dei populis ministrauit. Hic edidit apologeticum. *pag. 38*
*Hieron. ep. ad Ctesiph. Item de script. Eccles.*

*charge, & enseigné le peuple sans reproche* encore qu'il soit vray, comme dit S. Ierosme, que ce n'est pas le martyr Pamphilus; mais Eusebe Euesque de Cesarée Arien, qui a esté l'auteur de l'Apologies pour Origene; & que ce martyr n'ayt iamais esté Euesque, mais seulement Prestre. Toutesfois rien n'estant impossible à vn imposteur, il a fait ce Prestre Euesque, comme il a fait Prestre S. Ephrem, qui ne fut iamais que Diacre de l'Eglise d'Edesse en Syrie.

*pag. 55.*
Sanctus Basilius Episcopus Cappadociæ. *pag 50.*

Il dit que lors que les Meletiens firent schisme contre l'Eglise, *S. Basile Euesque de Cappadoce* leur resista; & il rapporte vn passage de S. Basile contr'eux. Mais ces paroles & cét ouurage de S. Basile sont imaginaires, ne se trouuant point qu'il en ayt fait contre ces heretiques, qui cõmencerent leur schisme deuant qu'il fust nay; & l'vn des premiers qui leur resista fut S. Athanase. Il n'a pas aussi sçeu que S. Basile a esté Euesque de Cesarée en Cappadoce; & il l'a appellé *Euesque de Cappadoce*, comme si la Cappadoce estoit vn Diocese, & non vne Prouince entiere.

*pag 63.*
*vide pag. 54.*

Il met les Donatistes apres les Ariens, les Eunomiens, les Appollinaristes, &c. & parle de leur heresie comme estant naye long temps apres la mort de sainct Epiphane: ne sçachant pas qu'elle auoit esté condamnée plusieurs fois non seulement deuant S. Epiphane, mais deuant ces autres heresies, & deuant le premier Concile de Nicée.

Il dit que les heretiques Iouiniens furent surpris dans Rome faisans bonne chere la semaine saincte, & mangeans de la chair de pourceau, & qu'on prit de leur table vn pourceau tout rosty, lequel le peuple pendit au col de Iouinien, & luy fit faire le tour de la ville en cét equipage. Ce seul discours impertinent & fabuleux deuoit obliger le Pere Sirmond de reietter cét auteur dans des tenebres encore plus profondes que celles où il auoit esté iusqu'à present.

In ipsa authenti-ca hebdomada Paschæ, inuenti sunt epulantes, & porcorũ carnibus trahentes conuiuia. ita vt assum porcum, quem in mensa eorum inuenerãt, populi collo eius suspẽderent, & ita eum totã ciuitatem facerent circuire. *pag. 75.*

*Ibid.*

Il descouure encore son ignorance honteuse lors qu'il dit que S. Ambroise ayant entrepris Iouinien, fit contre luy vn liure, lequel ayant esté leu à Rome au milieu de l'Eglise, tout le peuple & le Clergé cria Anatheme à Iouinien & à ses disciples au commencement du Caresme, sous le Pape Anastase, *sanctô Anastasiô Episcopô antistite*, pour n'oublier pas le langage rare de cét auteur. Mais tout le monde sçait que S. Ambroise n'a iamais fait aucun liure contre Iouinien, & qu'il tint seulement vn Concile à Milan, qui condamna ses erreurs, & escriuit vne lettre synodale au Pape Syricius, & non à Anastase, deuant le Pontificat duquel S. Ambroise n'estoit plus au monde.

*pag. 75.*

Ie laisse vne infinité de faussetez & d'excez semblables, pour ceux qui voudront prendre la peine de lire cét escrit monstrueux, n'ayant ny le courage ny le temps d'en recueillir dauantage, & cela estant superflu apres ce que i'en ay produit, qui n'est que trop suffisant pour faire admirer comment le P. Sirmond s'est peu resoudre de donner au public vne piece si espouuentable, & de soustenir qu'on n'y sçauroit trouuer rien à redire, comme il l'a escrit dans sa preface.

## CHAP. III.

*Que les erreurs & les heresies que cét auteur attribuë à ceux qu'il appelle Predestinez ; ne sont autre chose que les obiections & les reproches des Pelagiens & des Semipelagiens contre la doctrine de Sainct Augustin & de l'Eglise.*

IL suffiroit d'auoir monstré euidemment que l'auteur du Pere Sirmond est non seulement ignorant, imposteur, & faussaire, mais aussi Semipelagien & Pelagien, comme il est visible par les marques que i'en ay produit, pour conclure qu'il ne merite pas seulement d'estre escouté sur tout dans les matieres qui touchent ces heresies, & qui ont quelque r'apport à elles, ny mesme dans aucune autre, puisque la premiere condition d'vn tesmoin est, qu'il soit de bonne foy, & que celuy-là ne le peut estre, qui est conuaincu d'auoir vne foy fausse & heretique. Mais pour rendre la chose encore plus claire, & cófirmer par des preuues particuliers & sensibles, que cét auteur est vn de ceux qui ont donné malicieusement aux Catholiques le nom de Predestinez, & ont fait passer pour leurs dogmes les calomnies dont ils ont voulu noircir la doctrine de S. Augustin & de l'Eglise, & descrier le zele auec lequel ces grands hommes l'ont defenduë contre leurs erreurs & leurs entreprises, il faut examiner l'vn apres l'autre tous les poincts dont il compose cette heresie pretenduë des Predestinez, & en descouurir la fausseté & la malice.

Hi electionem bonorum, & recusationem malorũ, Deo decernẽte definiunt, non homine vel negligente. *pag.* 87.

La premiere erreur qu'il leur impose est, qu'ils disent que *l'eslection des bons, & la reprobation des meschans, vient de l'ordonnance de Dieu, & non du soing ou de la negligence de l'homme:* comme si l'ordõnance de Dieu faisoit tout sans le franc Arbitre & qu'il n'y eust ny de bonnes, ny de mauuaises œuures; ou bien qu'elles ne fussent point considerées. Ce qu'il explique luy-mesme en ce sens par les paroles suiuantes: *ils ne veulent pas que les commandemens soient gardez par ceux qui ont soing de leur salut, ny violez par ceux qui le negligent.*

Nolunt Dei iura, vel a studẽtibus custodiri, vel à negligentibus violari. *Ibid.*

C'est la 6. objection des Gaulois contre

contre S. Augustin rapportée par Sainct Prosper en ces mots : *Que le franc* [a] *Arbitre de l'homme n'est rien: mais que la seule Predestination de Dieu opere en nous, soit le bien, soit le mal.*

La seconde erreur dont il les accuse est, *Qu'encore* [b] *que celuy qui est predestiné au mal, vueille faire le bien, il n'y pourra paruenir : & qu'au contraire celuy qui est Predestiné au bien, y paruiendra malgré luy, encor qu'il soit negligent.* Les Semipelagiens ont reproché la mesme chose à S. Augustin, lors qu'ils ont dit que sa doctrine ostoit le courage aux pecheurs, & rendoit negligens les bons, *à* [c] *cause qu'il ne sert de rien aux vns & aux autres de trauailler, si celuy que Dieu a reietté ne peut entrer dans sa Grace par aucune industrie, ny par aucun soing, & celuy qu'il a esleu n'en peut deschoir par aucune negligence.* Et Faustus, lequel cét auteur a imité en tant d'autres poincts, a inferé pareillement que si Dieu dispose de l'estat des hommes *par sa puissance,* [d] c'est à dire par sa volonté immuable, & non *par son equité,* c'est à dire en consideration des mouuemens de nostre franc Arbitre, comme il l'explique dans la suitte, il s'ensuit *que celuy qui aura frappé à la porte de sa misericorde sera peut estre exclus ; & celuy qui ne l'aura pas recherchée sera attiré par elle.*

C'est aussi la 14. des obiections de Vincent, qu'vne [e] *grande partie des fidelles &*

*a* Quod liberum arbitrium in homine nihil sit : sed siue ad bonum, siue ad malum, prædestinatio Dei in hominibus operetur

*b* Dicunt, etiam si voluerit bonum facere qui ad malum Prædestinatus est, ad bonum peruenire non poterit. Nam qui ad bonũ Predestinatus est, etiam si negligat, ad bonum perducetur inuitus. *pag. 87.*

*c* Eo quòd vtraque parte superfluus labor sit, si neque reiectus vlla industria possit intrare, neque electus vlla negligentia possit excidere *S. Prosp. in ep. ad Aug.*

*d* Si hominis statũ deus, sicut blasphemat impietas, non æquitate, sed potestate disponit, ille fortassis qui pulsauit excluditur, & ille qui non quæsiuit attrahitur. *Faust lib 2. de lib. arbit. c. 4.*

*e* Quod pars magna illa Christianorum Catholicorum fidelium atque sanctorum, quæ ad ruinam & perditionẽ prædestinata est, etiamsi petat à Deo sanctitatis perseuerantiam, non impétrabit: eo quòd mutari non potest diuina Prædestinatio quæ illos præordinauit, præparauit, præoptauit vt caderent.

*des saincts, qui ont esté Predestinez à la ruine & à la perdition, n'obtiendront pas de Dieu la perseuerance dans la saincteté, encor qu'ils la demandent, parce que la Predestination de Dieu ne peut estre changée, qui a ordonné, procuré, & desiré par aduance, qu'ils tombent.* Mais S. Prosper a renuersé ces impietez & ces impostures par ses responses.

La troisiesme erreur qu'il attribuë à ses aduersaires sous le nom des Predestinez est, qu'ils disent; [f] *que l'eau du Baptesme ne laue pas tous les pechez.* Cette calomnie n'est pas des Semipelagiens, mais des Pelagiẽs, qui l'õt publiée dans l'vne des deux lettres qu'ils escriuirẽt au Pape Boniface contre les Catholiques, les accusant de cette sorte: *Ils disent* [g] *que le Baptesme ne donne pas la remission de tous les pechez.* Ce que S. Augustin reiette comme vne imposture fõdée sur ce que les Catholiques enseignoient auec toute l'Eglise, que la concupiscence demeuroit dans les baptisez comme vn effet du peché, & vne infirmité qui leur restoit de la maladie dont ils auoient esté gueris par le Baptesme. D'où ces heretiques inferoiẽt pour descrier les Catholiques, que selon eux le Baptesme ne remettoit pas tous les pechez; & ils soustenoient au contraire, que la concupiscence des baptisez n'estoit pas vn mal, mais vne chose bonne & naturelle, dont Dieu

[f] Dicunt baptismatis vndam non vniuersa peccata mundare *pag. 87.*

[g] Dicunt etiam, inquit, Baptisma non dare omnẽ indulgentiã peccatorũ. *Aug. lib. 1 ad Bonif. c. 13. & lib. 2. in Iul. c. 1.*

estoit la source & non le Diable & le peché. Et nous voyons que comme l'auteur du P. Sirmond a pris d'eux cette heresie, ainsi qu'il paroist par les passages clairs que nous auons marquez, il a aussi pris d'eux mesmes la calomnie qu'il ont bastie sur ce fondement heretique.

La quatriesme erreur qu'il leur impute est, *que la Grace precede tellement le franc Arbitre, que l'homme reçoit deuant qu'il demande, qu'il trouue deuant qu'il cherche, qu'il luy est ouuert deuant qu'il frappe.* C'est vne consequence qu'il infere de la doctrine de l'Eglise, que l'homme ne demande, ny ne cherche, c'est a dire qu'il n'a iamais aucun bon desir, & ne prie comme Dieu le commande qu'apres qu'il a reçeu le dō & la Grace de le faire par vne particuliere misericorde. Ce que les Semipelagiens ne pouuoient souffrir, voulant que l'homme *acquiere la Grace qui le rend enfant de Dieu, en demandant, cherchant, & frapant par la puissance naturelle de sa volonté.* C'est pourquoy cét auteur a escrit hardiment, *Que la volonté de l'homme precede la grace de Dieu: Parce qu'il n'a pas dit, vous receurez premierement, & puis vous demanderez; vous trouuerez premierement: & puis vous chercherez; on vous ouurira premierement, & puis vous frapperez; mais il a dit, demandez, & il vous sera donné: cherchez, & vous trouuerez, &c.* De sorte que l'heresie dont il

Dicant ita antecedit gratia liberum arbitrium, vt ante accipiat homo quam petat, ante inueniat quā quærat, ante ei aperiatur quam pulset. pag. 87.

Vt possit ad hanc gratiam, qua in Christo renascimur, peruenire per naturalem scilicet facultatem petendo, quærendo, pulsando, &c. S. Prosp. in epi. ad Aug.

Antecedit volūtas hominis gratiā Dei Non enim dixit Dominus, accipietis prius, & sic petite; inuenietis prius, & sic quærite, aperietur vobis prius, & sic pulsate: Sed dixit, Petite & dabitur vobis, quærite & inuenietis, &c, pa. 150.

accuse ceux qu'il appelle Predestinez, consiste en ce qu'ils croyent contre luy auec l'Eglise, que l'homme ne sçauroit conceuoir aucune bonne volonté, ny aucun bon mouuement, si Dieu ne le luy donne par vne Grace specialle; c'est à dire qu'elle consiste en ce qu'ils sont Catholiques, & luy heretique.

Dicunt nullum ad fidem Christi accedere, nisi fuerit à patre tractus inuitus: illud ad tendentes: Nemo venit ad me, nisi quem Pater adtraxerit. p. 87.

La cinquiesme erreur pretenduë est, *Qu'il disent que personne ne paruient à la foy de Iesus Christ, si le Pere ne l'attire par force, à cause qu'il est escrit, personne ne vient à moy, si mon Pere ne l'attire.* Faustus a fait vn chapitre entier sur ce passage de l'Escriture, imposant aux Catholiques cette mesme calomnie: *Ils croyent icy*, dit-il, *que le salut de celuy qui est attiré vient de la violence de celuy qui l'attire. Il paroist qu'ils ne cognoissent que les chaisnes d'vne seruitude forcée, & non les liens d'vne charité volontaire.* Il les accuse ensuitte *de donner tout à la Grace*, à cause de ce passage, & de vouloir *que l'homme soit traisné comme vne piece de bois, lourde & insensible, qu'on remuë d'vn lieu à l'autre.* Les Pelagiens ont fait ce mesme reproche aux Catholiques dans la lettre qu'ils escriuirent à Rome contr'eux, disant *Qu'ils introduisoient vne necessité fatale sous le nom de Grace, soustenant que l'homme ne peut s'esloigner du mal, ny commencer de faire le bien, si Dieu ne luy inspire le desir du bien, quoy qu'imparfait, par force & contre*

Hoc loco adtracti salutem, adtrahentis putat esse violentiam, Apparet illum non nosse nisi cathenas obnoxæ seruitutis, qui deuotæ nescit vincula charitatis. *Faust. lib. 1. de lib. arb. c. 17.*

Par esse probatur impietas, si totum soli gratiæ, vel si totum soli ad scribatur labori. *ibid.*

Nunquid velut insesibilis & inepta materies de loco ad locum mouendus est & trahendus. *ibid.*

Sub nomine inquiunt gratiæ ita factum asserunt, vt dicant: quia nisi Deus inuita & re

*sa volonté*. Ce que S. Augustin condamne, non seulement comme vne imposture, mais aussi comme vne *folie*, qui n'estoit appuyée d'aucun autre fondement que de ce que les Catholiques enseignoient, que Dieu donne la Grace aux hommes, non selon leur merite, mais selon sa misericorde, qui preuient toutes leurs volontez & tous leurs desirs.

luctanti homini inspirauerit boni, & ipsius imperfecti cupiditatem, nec à malo declinare, nec bonum posset arripere.
*Aug. ad Bonif. lib. 2. c 5.*

La sixiesme accusation des Predestinez est, *Qu'ils disent que tout se fait icy en esperance, & non en effect ; en sorte qu'ils appliquent aux Sacremens mesmes la* parole de l'Apostre, *l'esperance*, c'est à dire l'obiect de l'esperance *qui se void, n'est plus esperance ; & soustiennent que les choses que nous receuons sont en apparence, & non en effect*. C'est ce que Iulien a reproché à Sainct Augustin, lequel il accuse de dire ; *que les hommes n'estoient pas vrayement renouuellez par le Baptesme, mais comme renouuellez ; qu'ils n'estoient pas deliurez, mais comme deliurez ; qu'ils n'estoient pas sauuez, mais comme sauuez : Et que tout ce qui se fait en ce monde, doit estre tenu pour nul, & sans aucune vertu.* Et il cõbat ensuitte ce que S. Augustin auoit dit, que par les paroles de l'Apostre, *nous auons esté sauuez par l'esperance*, il estoit signifié qu'il se feroit vne remission des pechez au iour du iugement, pour monstrer que la remission & la iustifiation des pecheurs n'est iamais plei-

Dicunt omnia nõ in re, sed ita in spe fieri, vt quod dicit Apostolus, spes quæ videtur nõ est spes, etiam hoc mysteriis adplicent dictum, & dicant, Ea quæ percipiuntur, videntur quidem esse, sed non sunt. p. 87.

Vbi ergo me audisti, siue legisti dicentem, non innouari homines per Baptismum, sed quasi innouari, nõ liberari, sed quasi liberari : absit vt ego inanem dicerem gratiam lauacri illius, in quo renatus sum ex aqua & spiritu.
*Augu. lib. 6. contra Iul. c. 14.*

Quis autem nostrum dicit, quicquid in presenti seculo agitur, esse culpandum.
*Ibid. & c. 15.*

nement accomplie dans ce monde, cōme le tenoient les pelagiens. Il a reïteré ailleurs les mesmes calomnies, qui ne procedoient que de ce que S. Augustin soustenoit auec l'Eglise, que le Baptesme ne nous remet pas tellement les pechez, qu'il ne nous en laisse plusieurs effects, & principalement la concupiscence, qui est vne source continuelle de pechez, & empesche que nous ne les puissions entierement euiter dans cette vie, & estre aussi parfaitement iustes, que nous le serons dans l'autre. C'est pourquoy il enseigne d'ordinaire, que le Baptesme ne nous oste pas icy totalement les pechez, & ne nous sauue qu'ē esperāce, parce qu'il ne nous deliure pas encore de tous les maux, & sur tout de cette concupiscence, qui nous rend toûsiours sujets à pecher, quoy qu'il nous dōne l'esperāce d'en estre deliurez par la gloire de la Resurrection. *L'Apostre declare*, dit-il, *qu'il nous a sauuez selon sa misericorde par le lauement de la Regeneration. Mais qui ne sçait que le lauement de Regeneration nous donne bien l'esperance du salut à venir; mais ne nous donne pas encore le salut mesme qui nous est promis? Et toutefois parce que cette esperance est asseurée*, il dit, *qu'il nous a sauuez, comme si le salut nous auoit esté desia donné. Car il est escrit ailleurs en termes tres clairs: Que nous gemissons dans nous mesmes, attendant l'a-*

*Lib. 3. ad Bonif. & l. 3. c. 3.*

Dicit, secundum suam misericordiā saluos nos fecit per lauacrum regenerationis. Quis autem non intelligat in lauacro regeneratiuis spem nobis datam salutis futuræ, non iam salutem ipsam, quæ promittitur? & tamē quia certa spes est, tanquam iam data esset eadem salus, saluos nos, inquit, fecit. Alio

*doption des enfans de Dieu, & la redemption de nostre corps : parce que nous auons esté sauuez par esperance : & l'esperance qui se void, n'est plus esperance, &c. Il ne dit donc pas, que nous serons sauuez, mais que nous l'auons esté dés à present, quoy que nous ne le soyons pas encore en effect, mais en esperance.* Cette doctrine est reïterée cent fois dans S. Augustin, & l'auteur du P. Sirmond la desguise, & tasche de la rendre odieuse par les calomnies qu'il a empruntées de Iulien, parce qu'il tient auec luy, & auec toute la secte des Pelagiens, que la concupiscence des baptisez n'est pas vn mal, & ne les empesche point d'estre parfaitement iustes, & d'euiter tous les pechez en cette vie, comme nous l'auons fait veoir cy-deuant par ses paroles.

quippe loco dilucidissime dicit, *Nos in nobis ipsis ingemiscimus, adoptionem expectantes, redemptionem corporis nostri. Spe enim salui facti sumus : spes autem quæ videtur, non est spes*, &c. Non dixit, *salui futuri sumus*, sed, amodo iam salui facti sumus, nondum tamen in re, sed in spe.

*Aug. contra Fauff. lib. ij. c. 7. Item lib. de spir. & lib. c. 29. lib. de per. mer. c. 7 8. &c.*

La derniere calomnie dont il charge les Predestinez, c'est à dire les Catholiques, c'est *qu'ils disent qu'Adam a eu plus de force pour nuire au genre humain, que Iesus Christ pour le secourir ; parce qu'ils veulent que le mal qu'Adam leur a fait demeure, en sorte que ny la Passion de Iesus-Christ, ny la saincteté du Baptesme ne le puisse oster*. I'aduouë que ie ne me souuiens pas d'auoir leu que les Pelagiens ayent aduancé cette calomnie contre S. Augustin, & qu'il semble que cét auteur l'a inuentée. Mais en effect ce n'est qu'vne suitte de la precedente, d'où il l'a inferée

Dicunt, plus obfuit ad nocendum Adam generi humano, quam Christus in subueniendo. Nam Adam aiunt quod nocuit ita manet, vt hoc nec Passio Christi, nec baptismatis sãctificatio possit auferre, *pag* 88.

par la subtilité ordinaire de son raisonnement. Car de ce que les Catholiques disoient que la Grace du Baptesme n'ostoit pas tous les effects du peché d'Adam, & qu'elle leur laissoit la concupiscence pour seruir d'exercice à leur vertu, il a creu qu'il s'ensuiuoit par vne consequence infaillible, que la Passion de Iesus-Christ qui nous est appliquée par le Baptesme, & la sainteté qui nous est donnée par ce Sacrement, n'est pas assez forte pour nous deliurer du mal que nous auons receu d'Adam. Mais il deuoit sçauoir ce que S. Augustin a respondu si souuent aux Pelagiens sur cette matiere, que la Grace que le Baptesme nous cōfere, ne nous remet pas seulement tous les pechez dés à present, mais aussi qu'elle nous deliure peu à peu de tous les maux & de tous les effects qui en procedent, parce qu'elle nous pousse & nous conduit sans cesse à la resurrection, où ils seront tous parfaitement destruits, sans qu'il en reste aucune trace, non plus que si nous n'auions iamais peché. Tellement que le comble de Iustice & de la Gloire, que nous receurons dans le Ciel, ne sera pas moins vn effect du Baptesme, que la remission des pechez qu'il nous donne maintenant.

*Lib. de pec. orig. c. 40. &c.*

Voila les chefs principaux à quoy cét auteur reduit l'heresie des Predestinez dans

fait en ſon premier liure. Ce qui monſtre euidemment, que puis que tous ces points ne ſont que les impoſtures des Semipelagiens contre les Catholiques defenſeurs de la doctrine de S. Auguſtin & de l'Egliſe, toute l'hereſie pretenduë des Predeſtinez de laquelle il parle tãt, n'a eſté qu'vne accuſation fauſſe & vne inuention diabolique de ceux de cette ſecte, dans laquelle il doit auoir eſté des premiers, puis qu'il a eu la hardieſſe de reſtablir ouuertement en tant de manieres le Pelagianiſme, contre la couſtume ordinaire des Semipelagiens.

Il a continué ces meſmes impoſtures dans toute la ſuitte de ſon ouurage, qui n'eſt autre choſe qu'vn perpetuel deſguiſement de la doctrine de S. Auguſtin & des Catholiques, laquelle il corrompt & enuenime le plus qu'il peut, pour la combattre auec aduantage, pluſtoſt par l'horreur qu'il taſche d'en donner à ceux qui ne ſont capables de iuger au fonds de ces matieres, que par la ſolidité des argumens; comme font encor aujourd'huy tous ceux qui l'attaquent deuant le peuple, & deuant les perſonnes qui ne veulent pas prendre la peine de s'informer de la verité pour ſe deffendre de ces artifices indignes de ceux qui fõt profeſſion d'eſtre Catholiques, & de craindre les iugemens de Dieu, qui eſt ennemy & le vengeur de la calomnie & du mensonge, dont le Diable seul est le Pere.

Il reprend souuent & tasche de refuter ce que ses aduersaires soustenoient, que Dieu change les volontez des hommes, & leur fait vouloir le contraire de ce qu'ils vouloient auparauant; comme lors qu'il changea soudainement Sainct Paul, & de persecuteur de la verité qu'il estoit, le rendit en vn moment disciple & defenseur zelé de la mesme verité & de l'Eglise. Car il pretend que Dieu ne fait que suiure les volontez des hommes, & s'accommoder à leurs dispositions & aux mouuemens qu'ils forment d'eux-mesmes. C'est pourquoy il asseure tousiours auec chaleur, *que la Grace n'attire point celuy qui ne le veut pas; qu'elle esleue non celuy qui ne le veut point, mais celuy qui le veut; qu'elle feroit violence si elle conuertissoit celuy qui n'en a point la volonté*; & que Dieu eust commis cette injustice que l'Escriture appelle *acception de personnes, si lors qu'il conuertit S. Paul, il luy eust fait vouloir ce qu'il ne vouloit pas*. Il est manifeste que tous ces discours n'ont autre but que de renuerser ce que S. Augustin enseigne en vne infinité de lieux, comme vne doctrine Orthodoxe, que la grace fait vouloir ceux qui ne veulent pas, *volentes ex nolentibus facit*; & celle de l'Eglise dans ses prieres publiques, qu'elle contraint &

Non expectanda Gratia quæ nolentem trahat, quæ cogat fastidientẽ, quæ teneat fugientem *pag*.178.

Non nolentem, sed volentem exaltat. *pag*. 195.

Aperiam tibi oculos, qui putas te inuitum & nolentem gratiæ diuinæ posse sociari. *pag*. 185.

Non ergo quasi personarum acceptor, apprehendit nolentem, & fecit volentem. *pag*. 142.

*S. Aug. l. 2 op. imp. n. 157. lib. de præd. S. c. 8. & 9.*

qu'elle donte nos volontez rebelles, *Rebelles compelle intrare voluntates*; & celle du Prophete, *qu'elle nous arrache le cœur de pierre*, c'est à dire la volóté endurcie, & l'affectió morte des creatures; *& nous donne vn cœur de chair, c'est à dire vne volonté ramollie par l'obeyssance, & vne affection viue pour Dieu & pour tout ce qui le regarde. Enfin elle renuerse la parole de l'Apostre, que Dieu nous donne* non seulement *l'accomplissement*, mais aussi *la volonté*, laquelle nous n'auions pas auparauant, puis que *nous n'auons rien que nous n'ayons reçeu*, & que *nous ne pouuons rien du tout de nous mesmes*, si nous en croyons le fils de Dieu dans l'Euangile.

*Ezech. 11.*

*Philipp. 2.*

*1. Cor. 4.*
*Ioan 15.*
*2. Cor. 3.*

Il accuse encor ceux qu'il appelle Predestinez, de tenir que Dieu ne veut pas sauuer tous les hommes; & il s'estend durát plusieurs pages pour prouuer que ce mot tous, se doit entendre generallement sans aucune exception dans le passage de l'Apostre. Il n'y a personne qui ne voye que ce reproche s'adresse à S. Augustin & à ses Disciples, & que c'est vn des poincts sur lesquels les Semipelagiens ont declamé contr'eux auec plus de vehemence deuant le peuple, parce qu'ils tenoient auec les Peres & les Conciles, que la parole de l'Apostre, *Dieu veut que tous les hómes soient sauuez*, ne deuoit pas estre prise pour tous les particuliers, puis qu'il y a tant de

*Pag. 112. iusques à 124.*

*1. Tim. 2.*

peuples infidelles à qui il n'a iamais fait annōcer la foy, sans laquelle on ne peut estre sauué, selon l'Escriture. *D'où il est manifeste*, dit S. Augustin, *que ceux qui resistent à vne verité si euidente, n'entendent point du tout en quel sens il est escrit, Que Dieu veut que tous les hōmes soient sauuez; veu qu'il y en a tant qui ne sont pas sauuez, non parce qu'ils ne le veulent point, mais parce que Dieu ne le veut pas, comme il est clair & sans aucune difficulté dans les enfans qui meurent sans Baptesme.* C'est pourquoy les Semipelagiens l'ont aussi blasmé de dire *que Dieu ne veut pas sauuer tous* [a] *les hommes.*

Vnde manifestū est eos qui huic resistunt tam perspicuæ veritati, non intelligere omnino qua locutione sit dictū, quod omnes homines vult Deus saluos fieri, cum tam multi salui non fiant, non quia ipsi, sed quia Deus nō vult: quod sine vlla caligine manifestatur in paruulis. *Ep. Aug Ep. 107. ad Vitalem.*

a Quod Deus nolit omnes saluare, etiam si omnes saluari velint. *Obiect. Vincent. 2. & object. Gall. 8.*

Il leur obiecte pareillement, qu'ils tiennent *que Iesus-Christ n'est pas mort pour tous les hommes.* Et comme ceste objection est vne suitte de la precedente & fort propre pour troubler l'esprit du peuple, les mesmes Semipelagiens n'ont pas manqué de la reïterer souuent contre S. Augustin, pour donner auersion de sa doctrine à ceux qui n'auroient pas assez de lumiere pour la comprendre. Car la neufiesme obiection des Gaulois contre ce grand Saint estoit, *Que le Sauueur du monde n'a pas esté crucifié pour tous les hommes*; & la premiere de Vincent contre luy-mesme, *Que nostre Seigneur Iesus Christ, n'a pas souffert pour le Salut & la Redemption de tous les hommes*: affin que ceux qui renouuellent encor auiour-

Quod hæc sit voluntas Dei, vt magna pars Christianorum salua esse nec velit nec possit. *obiect. Vincent. 7*

b Nullum in libro vestro locum sine blasphemijs inueni mus &c. Corrigite ergo librum vestrum, quia Christus pro omnibus passus est *pag. 83*

Quod non pro totius mundi redemptione saluator sit crucifixus. *Obiect. Gall. 9.*

Quod Dominus noster Iesus Christus non pro om-

d'huy ces mesmes accusations contre S. Augustin, & ses disciples, recognoissent de quels auteurs & de qu'elle source elles viennent, & qu'ils ayent honte pour le moins dans leurs ames de veoir qu'ils se ioignent contre eux auec des gens condamnez par l'Eglise depuis tant de siecles.

nium hominum salute & redemptione sit passus. 1
*Obiect. Vincent.* 1.

Il leur fait dire que *Dieu a ordonné par sa Predestination vn certain nombre de iustes, & vn certain nombre de pecheurs, & que ce nombre ne peut estre changé.* Cela vient encore des Semipelagiẽs, qui se sont plaints tout de mesme que S. Augustin disoit, que Dieu ne veut pas que tous les hommes soiẽt sauuez, *mais seulemẽt vn certain nõbre de Predestinez.*

Prædestinatio Dei iam & numerum iustorum & numerum constituit peccatorum, & necesse erit constitutum terminum, præteriri non posse.
*pag* 92.

Quod non omnes homines velit Deus Saluos fieri, sed certum numerum prædestinatorum.
*Obiect. Gall* 8.
*pag* 114 115.

Il les combat, comme s'ils tenoient que Dieu par sa Predestination contraint violamment les hommes de pecher, & ordonne qu'ils pechent, faisant des exaggerations ridicules sur cette imposture, par laquelle il commence la dispute, pour tesmoigner qu'il ne l'a entreprise que pour estouffer la verité par le mensonge.

Les Semipelagiens luy ont marqué par aduance non seulement cette fausseté, mais aussi la methode & l'ordre dans lequel il l'a produit, l'ayant mise comme luy à la teste de celles qu'ils ont publiées contre la doctrine de S. Augustin & de l'Eglise. Car la premiere des propositions qu'ils luy ont faussement attribuës dans S. Prosper est, *Que les hommes estant contraints de pecher, par la Predestination de Dieu, comme par vne necessité fatale, ils sont poussez violemment à la mort.*

Quod ex prædestinatione Dei, velut fatali necessitate, homines ad peccata compulsi, cogantur in morte.

Dantes manus Mathematicis. *pag.*108.

Erit ergo secundum Manichæum alius Deus malorũ alius bonorum, &c. ne videamur peius Manichœis inclamare blasphemiũ. *pag.* 130.

Per hanc vt dicitis, omnis constat esse causa peccati. *pag.* 212.

Il les accuse pour la mesme raison *d'estre de l'opinion des Astrologues*, qui ont donné aux Astres vne efficace ineuitable sur la volonté des hommes; *& d'estre Manichéens, & pires que les Manicheens*, qui nioient la liberté du franc Arbitre. Ces reproches ont esté reïterez tant de fois par Iulien & par les autres Pelagiens & Semipelagiens contre S. Augustin, qu'il n'y a point de marque plus claire de l'intelligence que l'auteur du Pere Sirmond a auec eux pour combattre ce grand Sainct & ses Disciples, comme leur communs ennemis.

Il les condamne de ce qu'ils disent, *que tous les pechez procedent de la concupiscence*. C'est la doctrine perpetuelle de S. Augustin, qui prononce cent fois en termes clairs, *Qu'il* [a] *ne se commet aucun peché que par la concupiscence: Que la* [b] *seule concupiscence regne en toutes sortes d'actions mauuaises; Que* [c] *nul ne peche, que celuy qui se laisse aller contre la Iustice aux desirs de la concupiscence.*

[a] Neque enim vllum peccatum nisi concupiscendo cõmittitur. *Aug. lib. de spir. & lit. c.* 4.

[b] Clarum est enim iam nihil aliud quã libidinem in toto malefaciendi genere Dominari. *Aug. lib* 1. *de lib. arb. c.* 3.

[c] Non enim offendit, nisi cui mala concupiscentia, cõtra iustitiæ rationem appetendo seu vitando, faciendum vel dicendum, vel cogitandũ aliquid, quod non debuit, siue fallens, siue præualens persuadet. *Aug. lib. de perf. iust. c.* 21.

Il les reprend souuent & auec chaleur, de ce qu'ils tiennent que Dieu n'appelle pas generallement tous les hommes, &

Il conclud, *que s'il* [d] *appelle l'vn & reiette l'autre, il commet cette iniustice, que l'Escriture nomme acception des personnes; Que* [e] *s'il refuse la Grace à vn homme, il le rẽd exempt de peché*. C'est pourquoy il introduit [f] *vne Grace generalle* qui suffise à tout le monde, auec laquelle chacun se puisse sauuer, & deuenir Sainct, s'il le veut.

Il a emprunté cette maxime, aussi bien que les autres, des Semipelagiẽs, qui ont pareillement accusé S. Augustin de dire, *Que tous* [g] *les hommes ne sont pas appellez à la Grace*; & ont introduit cette Grace generalle, de laquelle Faustus parle clairement, lors que refutant S. Augustin & les Catholiques, il dit; *Nous soustenons que nostre Redempteur est venu pour faire vne misericorde & vne Grace generalle*. Ce qu'il croid si indubitable, qu'il condamne d'impieté ceux qui tiẽnent le contraire. *Celuy-là*, dit-il, *est vrayement impie, qui asseure que la Grace de Dieu n'est pas offerte à tous, & n'est pas inspirée à tous*. Mais S. Augustin nous aprẽd, que cette impieté pretẽduë est vne verité Catholique, lors qu'entre les propositiõs sãs lesquelles on ne peut estre Catholique, il met celle-cy: *Nous sõmes asseurez que la Grace de Dieu n'est pas donnée à tous les hõmes: Nous sommes asseurez qu'elle est donnée par vne misericorde de Dieu gratuite à ceux a qui elle est donnée: Nous sommes asseurez que c'est par vn iuste iugement*

d Si alius vocatur alius recusatur, personarum Deus blasphematur acceptor. *pag*. 128.

e Si enim gratia recusauit, hominem à peccato liberũ fecit. *p*. 196.

f Excludens vestrã specialem defẽsionem, generalem gratiã introduxit. *pag*. 187.

g Quod non omnes homines vocentur ad gratiam. *Obiect. Gall*. 4.

Dominum Redemptorem cũ generalis misericordiæ beneficio venisse testamur. *Faust. lib*. 1. *de lib. arb. c*. 16.

Sed ille vere impius est qui eam nõ omnibus ingeri non omnibus testatur impendi. *Ibid. c*. 17.

Scimus gratiam non omnibus hominibus dari. Scimus eis quibus datur, misericordia Dei gratuita dari. Scimus eis quibus non datur, iusto iudicio Dei nõ dari. *Aug. ep*. 107. *ad vit.*

*de Dieu qu'elle n'est pas donnée à ceux à qui elle n'est pas donnée.* C'est pourquoy S. Prosper combattant l'erreur des Semipelagiens contraire à ces maximes Catholiques, leur parle en cette maniere: *Dittes vous comment vous prouuez que la Grace de Iesus Christ ne laisse aucun des hommes qui naissent dans tout le monde, sans luy presenter & luy vouloir donner le Royaume du Ciel & la vie Eternelle.* Et le Concile de Sardaigne dans l'Epistre Synodale que le P. Sirmond mesme a publiée, condamne Faustus en particulier, & generallement tous ceux qui disent que la Grace de Dieu est donnée à tous les hommes: *De gratiâ Dei non dignè sentit, quisquis eâ censet omnibus hominibus dari.*

Dic vnde probes quod gratia Christi nullũ omnino hominem de cunctis qui generãtur prætereat, cui non regnũ vitamque beatã impertire velit. *Prosp. carm. de ingrat. c. 8 & 11.*

Il fait dire à ses aduersaires, *que Dieu a predestiné les hommes, non seulement à la Iustice, mais aussi au peché.* C'est la plus ordinaire calomnie des Semipelagiens contre la doctrine de S. Augustin, auquel ils ont attribué ces blasphemes, *Que la* a *Predestination de Dieu contraint les hommes a pecher: Que* b *la Predestination de Dieu opere dans les hommes soit le bien soit le mal: Que* c *ceux qui ne croyent point à l'Euangile, ny croyent point à cause de la Predestination de Dieu, qui a ordonné qu'ils n'y croiront pas.*

Prædestinasse Deũ homines, siue ad iustitiam siue ad peccatum. *pag. 94.*

a Quod ex prædestinatione Dei homines ad peccata cõpulsi cogantur in mortẽ. *Obiect. Gal.*

b Quod siue ad bonum, siue ad malũ, Prædestinatio Dei in hominibus operetur. *Ib. obiect. 6.*

c Quod qui Euangelicæ prædicationi non credant, ex Dei Prædestinatione non credant: & quod Deus ita definierit, vt quicumque non credunt, & ipsius constitutione non credant. *Ib. obiect. 14.*

Il leur objecte cette proposition comme vne des plus pernicieuses; *le libre Arbitre, où la liberté*, de la volonté des hommes

hommes, *a esté perduë par le peché du premier homme*; luy donnant des sens les plus desauantageux qu'il peut. Mais la proposition en soy est formellement de S. Augustin, & il l'a soustenuë constamment dans vne infinité de lieux contre les Pelagiens, comme vne verité indubitable. *L'homme*, dit-il, *ayant peché par le libre Arbitre, il l'a perdu, & s'est perdu luy-mesme auec luy*. Et peu apres: *lors que l'homme a peché par le franc Arbitre, le peché estant demeuré victorieux, le libre Arbitre a esté perdu*. Et ailleurs, *la volonté de l'homme ayant esté vaincuë par le peché où elle est tõbée, la nature a perdu la liberté*. Ce que S. Augustin a entendu de la puissãce & de la liberté de faire le bien, qui a esté ruinée par le peché du premier hõme, & non de la puissance & de la liberté de faire le mal, qui demeure tousiours dans les plus grands pecheurs. Car il explique ainsi luy-mesme son sentiment en quantité de lieux, comme lors qu'il dit; *Que nous auons perdu par la grandeur du premier peché le libre Arbitre*, non totalement, mais *pour aimer Dieu*. Et en ce sens cette doctrine est indubitable ayant esté confirmée par le deuxiéme Concile d'Orenge contre les Semipelagiens, lors qu'il dit; *que le libre Arbitre a esté* non seulement *affoibly*, mais aussi *perdu par le peché du premier homme, & qu'il ne peut estre restably que par celuy*

Per præuaricationem primi hominis periit ab hominibus libertas arbitrij. *pag.* 191.

Libero arbitrio male vtens homo, & se perdidit, & ipsum. *Enchir. c.* 30.

Cum libero peccaretur arbitrio, victore peccato amissum est & liberum arbitrium. *Ibid c.* 31.

Victa enim vitio, in quod cecidit, voluntate caruit libertate natura. *Aug. lib. de perf. Iust. c.* 4.

Liberum arbitrium ad diligendũ Deum primi peccati granditate perdidimus. *Aug. ep.* 107. *ad vital.*

Arbitrium voluntatis in primo homine infirmatũ, nisi per gratiã Baptismi, non potest reparari. Quod a-

*qui a eu la puissance de le donner* : qui sont les propres paroles de S. Augustin, dont le Concile s'est seruy pour former la definition de ceste verité Catholique contre ceux qui l'auoient combattuë particulierement en sa personne & dans ses ouurages.

missum nisi à quo potuit dari, non potest reddi. *Con. 2. Arauf. c. 13. ex Aug. l. 14. de ciuit. c. 11.*

Ergo & nos agimur, non agimus, &c *pag. 192.*

Il leur reproche qu'ils disent, *que nous sommes poussez, & que nous receuons l'actiõ d'autruy, mais que nous n'agissons point.* S. Augustin a rapporté luy-mesme, & a refuté cette objection des Pelagiens en ces termes : *Ils disent qu'il s'ensuit que nous sommes poussez, & que nous receuons l'actiõ d'autruy, mais que nous n'agissons point. Et moy ie responds, que nous sommes poussez & que nous agissons tout ensemble, & que nous n'agissons iamais bien, que lors que nous sommes poussez & que nous receuons l'action de celuy qui est la bonté mesme.*

Dicit mihi aliquis, ergo agimur, non agimus. Respondeo, immò & agis, & ageris : Et tunc bene agis, si à bono agaris. *Aug. serm. 13 de verb. Apost.*

En fin il se plainct qu'ils enseignent, *Que Dieu ne nettoye pas nos pechez, mais qu'il les rase seulement*, comme on rase les cheueux, sans en oster la principale partie, qui est la racine. Mais cette imposture a esté tant de fois aduancée par les Pelagiens, & estouffée par S. Augustin, que cét auteur ne pouuoit tesmoigner plus ouuertement qu'en la renouuellant encore apres tout cela, qu'il calomnie ses disciples en la mesme maniere qu'ils ont calomnié le maistre.

Aiunt, per baptismum ita tolli peccatum, vt capillum nouacula erasum. Rasus enim est, inquiunt, vt emundaretur, locus, non eradicatus est, ne vlterius nasceretur. *pag. 207* *lib. 1 ad Bonif. c. 13. &c.*

Ce seroit abuser de la patience du

Jecteur, & se deffier trop de son intelligence & de sa lumiere, que de se mettre en peine de recueillir plus de propositions de cét auteur, pour prouuer qu'il a esté des ennemis de S. Augustin, & des plus aueuglez, & que ceux qu'il a attaquez, & qu'il a appellez Predestinatiēs, ont esté des Catholiques & de ses disciples, puis qu'il ne leur reproche que les maximes formelles de ce S. & qu'il ne leur oppose que les mesmes erreurs, ou les mesmes impostures que les Pelagiēs & les Semipelagiens luy ont opposées. Il faudroit rapporter presque toutes les periodes de son liure, & les examiner l'vne apres l'autre, si on vouloit representer tous le excez, puis qu'il est tres-veritable, qu'il ne fait autre chose que corrōpre & aigrir la doctrine de ce premier des Peres de l'Eglise, & luy donner des couleurs, & des apparēces les plus mauuaises qu'il luy est possible pour la faire paroistre horrible & effroyable. Il ne rapporte iamais ses maximes sás les chāger & les falsifier dás les paroles mesmes, que quand il croid leur pouuoir donner des interpretations scandaleuses & erronées, ne faisant alors nulle difficulté de les combattre ouuertement; quoy qu'elles ayent esté approuuées par les Conciles & par l'Eglise. Il est vray qu'il ne le prend iamais à partie en son propre nom, & qu'au contraire il en parle tousiours auec respect attribuāt ce qu'il refute à ceux qu'il appelle Predestinez, & les accusant de les luy imposer pour se couurir de son auctorité. Mais cela mesme fait veoir, qu'il est parfaitement Semipelagien, qu'il entend leurs secrets, & qu'il est poussé du mesme esprit: Car quoy qu'au commencement les Semipelagiens ayent repris hardiment S. Augustin, comme il se void par les lettres de S. Prosper & de S. Hilaire, par les pleintes qu'ils en firent au Pape Celestin & par les responses de S. Prosper aux accusations de ceux de cette sectes: Toutefois depuis que le Pape Celestin condamna leur temerité dans la lettre qu'il escriuit sur ce suject aux Euesques de France, où il rend à cet Aigle des Docteurs vn tesmoignage digne de son merite, reprimant la temerité de ceux qui osoient se declarer contre luy, ils ont commencé peu à peu de changer de batterie, & de le respecter & honorer en paroles, se contentans de combattre sa doctrine sous le nom de ceux qui s'en rendoient publiquement deffenseurs, & de les accuser de faire dire à ce sainct des choses esloignées de ses sentimens. Cela se peut veoir & dans Cassian, qui ne nomme iamais S. Augustin lors qu'il refute sa doctrine, & dans Faustus qui en parle mesme auec honneur, & dans Arnobe le ieune qui approuue les louāges extraordinaires que Serapion luy donne, & dans presque tous les autres, qui ont mesme inuenté l'heresie des *Predestinez*, ou des *Predestinatiens*, pour descharger sur ce Phātosme la haine qu'ils auoient conceuë contre les maximes de ce grand Docteur reueré de toute l'Eglise, n'ayant plus l'asseurance de s'opposer à luy en personne de peur de se descrier eux-mesmes, & de ruiner tout ensemble leur reputation & leurs heresies. Mais cét artifice n'estoit bon que pour les simples & pour ceux qui ne se mettoient pas en peine de se faire instruire. Ceux qui auoient quelque cognoissance de la verité, & quelque lumiere pour discerner la malice des hōmes, la voyoient visiblement: ce que les Semipelagiens auoient bien la hardiesse d'accuser les disciples de S. Augustin, de luy attribuer vne doctrine contraire à la sienne, mais ils n'ont iamais osé entreprendre de iustifier cette accusation par les escrits & par les passages de S. Augustin, n'en citant iamais aucun, & se contentans de dire en general qu'on abusoit de son authorité, & qu'on luy imposoit comme il est clair par Faustus, & encor plus par l'auteur du Pere Sirmond: Car apres auoir rapporté tout du long ce liure faussement attribué à ce grand Sainct il n'a pas eu l'asseurance de le refuter & de le conuaincre par ses veritables ouurages, quoy qu'il fust remply d'impietez & de blasphemes, sçachant qu'il eust ruiné par cette voix, non seulement ces impietez & ses blasphemes, mais aussi ses propres erreurs & ses heresies qu'il eut trouué condamnées en mille endroits de S. Augustin. Ce qui fait qu'il le fuit tousiours comme son ennemy, & ne parle iamais de luy, ny de sa doctrine vraye ou supposée, que par forme & en passant, pour tesmoigner qu'il ne luy est pas contraire, & euiter ainsi la honte & le scandale de faire ouuertement la guerre au plus grand Docteur de l'Eglise dans la matiere où elle l'a tousiours autorisé & reueré plus particulierement qu'aucun autre.

## CHAP. IV.

### *Iugement sur la pièce que cét auteur rapporte, comme supposée par les Predestinatiens sous le nom de Sainct Augustin.*

DE tout ce que nous venons de faire veoir, il est aisé de conclurre ce qu'il faut iuger de cét escrit que l'auteur du P. Sirmond asseure que les Predestinez ont fait courir sous le nom de S. Augustin. Car ayant esté prouué clairement que cét escrit ne contient que les impostures des Semipelagiens contre les Catholiques deffenseurs de la doctrine de S. Augustin, ou les propositions formelles de Sainct Augustin, contre lesquelles ils estoient plus animez, & qu'ils taschoient de rendre odieuse au peuple par leurs interpretations & par leur calomnies, il est visible qu'il n'y a qu'eux qui puissent auoir fabriqué cette piece.

Elle leur est si fauorable, & iustifie

tellement les calomnies qu'ils ont respanduës contre leurs aduersaires, & qui ont esté conuaincuës par S. Prosper & par les autres Catholiques, qu'ils faut auoir esté de leurs amis particuliers pour leur rendre vn si bon office.

Que si l'on considere de plus prés les traicts & les lineamens de cét ouurage, on y descouurira plusieurs raisons qui pourront faire iuger que l'auteur du P. Sirmond en a esté l'ouurier.

Premierement cét escrit est de mesme style que la refutation qu'il en a faite, ainsi qu'il paroist par les expressions, par les figures, par les termes, & par les Barbarismes, qui y sont tellement semblables, qu'il n'y a personne qui ne voye qu'ils sont sortis d'vne mesme main & d'vne mesme plume.

Secondement parce que cét escrit marque pour erreurs des Predestinatiens des veritez Catholiques qui n'ont point esté contestées par les autres Semipelagiens, mais seulement par cét auteur du P. Sirmond, & par les Pelagiens: comme, que la concupiscence demeure dans les baptisez: Que nous ne pouuons pas auoir dans ce monde vne iustice parfaite; & encor d'autres, qu'il a meslées dans ce faux discours, afin d'auoir lieu de les refuter, & d'establir les erreurs contraires, qui luy estoient propres.

Troisiesme

Troisiesmément parce qu'il est le premier qui a produit cette fausse piece, ne se trouuant personne deuant luy dans toute l'antiquité, qui en ayt fait mention ny qui ayt accusé personne d'auoir supposé à S. Augustin, aucun escrit impie, pour establir par son autorité de si grãdes erreurs & de si horribles blasphemes. De sorte que comme celuy qui debite vn libelle diffamatoire ; en est tenu pour auteur iusques à ce qu'il ayt fait veoir de qui il l'a eu, ainsi cét heretique du P. Sirmond doit estre iugé l'auteur & le fabricateur d'vn faux escrit, qui n'est qu'vn libelle diffamatoire contre la reputation & contre la foy de S. Augustin, iusques à ce que le P. Sirmond, qui est son Aduocat & son Paranymphe, nous ayt remarqué quelqu'vn qui l'ayt veu, ou qui en ayt seulement parlé deuant luy.

Car quant à ce qu'il escrit, *que ce liure ayant esté autrefois presenté au Pape Celestin de tres heureuse memoire, il l'eut en si grand horreur, qu'il le condamna à vn silence perpetuel. Et que ce fut ce qui enflamma dauantage les heretique, qui le distribuerent pour estre leu secretement dans les maisons.* C'est vne faute & fausseté si euidente & si lourde, qu'elle suffit pour faire mespriser cét auteur cõme trop ignorant, & indigne d'estre seulement escouté dans cette matiere. Il nous renuoye à l'Epi-

Nunc librum aliquando tibi oblatum beatissimæ memoriæ summus Pontifex Cælestinus ita execrationi habuit, vt eum perpetuo iuberet damnari silentio. Eo magis hæreticorũ animus inflammatus, clanculò eum per diuersas domos tradidit legendum. Pag 5.

stre du Pape Celestin, aux Euesques de France, où ce Pape reprend ceux qui deshonoroient la memoire de S. Augustin, & commande qu'on leur impose silence, *vt impositô improbis silentiô de tali re in posterum querela cessaret*. Mais il est faux que Celestin parle d'aucun liure attribué à S. Augustin, qu'on luy eust presenté, estant clair par toute sa lettre qu'il n'agit que contre des Prestres Semipelagiens, qui ne taschoient pas d'autoriser leur doctrine, par de faux escrits de S. Augustin, comme pretend l'auteur du Pere Sirmond, mais qui taschoient au contraire de destruire l'autorité de Sainct Augustin, & d'estouffer sa memoire en accusant sa doctrine d'erreurs, & d'heresies, & soustenant *qu'il auoit passé les bornes*, & s'estoit laissé emporter à sa chaleur en disputant contre les Pelagiens. Ce que le Pape Celestin condamne en des termes tres-forts, loüant auec Eloge les escrits & la science de Sainct Augustin, & ordonnant aux Euesques *d'imposer silence* à ces Prestres temeraires, qui *troubloient le repos de l'Eglise* par leurs *nouueautez* & par leurs *opiniastreté*.

Cap. 2.

Magistris nostris, tanquam necessarium modum excesserint, obloquuntur *Ibi*.

Corripiantur huiusmodi, nō sit his liberum habere pro voluntate sermonem. Desinat, si ita res sunt, incessere nouitas vetustatē, desinat Ecclesiarū quietem inquietudo turbare. *Ibid. c. 1.*

Que si nous accordons à l'auteur du P. Sirmond ce qu'il asseure, que ce faux liure fut presenté iadis au Pape Celestin, & condamné par luy à l'oubly & au silence, qui ne void qu'il s'ensuit que les Semipelagiens en ont esté les autheurs, & que ceux qu'ils ont fait passer pour Predestinatiens, ont esté les Catholiques, qui se sont opposez à leur heresie? Car il est manifeste que ceux que Sainct Celestin blasme dans sa lettre de descrier la memoire de S. Augustin, & à qui il commande qu'on oste la liberté de parler de la sorte, sont les Semipelagiens, contre lesquels S Prosper & S. Hilaire d'Arles luy auoient fait des plaintes, comme il est porté expressément par la lettre. De sorte que si le crime que le Pape Celestin declare qu'ils auoient commis contre la memoire de S. Augustin estoit la composition de ce faux liure, il s'ensuit euidemment que les Semipelagiens l'ont composé, & non leurs aduersaires, qui n'ont esté que les Catholiques. Cette consequence est si claire qu'vne demonstration ne le sçauroit estre dauantage, & elle descouure à tout le monde l'ignorance, & l'aueuglement de l'auteur du P. Sirmond, qui s'enferre luy-mesme, & destruit ses faussetez l'vne par l'autre, discourant de ce suject, qui est le principal de son liure, auec autant d'impertinence que de tout les autres.

Inf. 87 Cap. 1.

I'aduouë toutefois que ce qui m'estonne encore plus en ce lieu, c'est que non seulement Hincmar a fait la mesme faute apres cét autheur ridicule, ayant creu sur sa foy, que ce liure supposé par les Predestinatiens auoit esté presenté au Pape Celestin, & que c'estoit le suject des plaintes & des censures contenuës dans sa lettre, & qu'ainsi l'heresie Predestinatienne *fut condamnée au temps du Pape Celestin par son autorité, & par les soings de S. Prosper*; mais aussi le P. Sirmond qui fait profession d'estre si exact obseruateur des temps & des momens de l'histoire & de la Chronologie, & de l'emporter par dessus les plus grands Critiques, s'est laissé tomber plus d'vne fois dans vn si beau chemin & dans vne chose si claire & si visible à tous ceux qui ont la moindre cognoissance de ce qui s'est passé entre S. Augustin & les Semipelagiens. Car il croid, aussi bien qu'Hincmar, & il s'est laissé persuader comme luy par son auteur, que ce faux liure fut presenté à S. Celestin Pape, & *qu'il le condamna comme contraire aux sentimens de S. Augustin*: & examinant les paroles du Chronique de Sigebert, qui dit que l'heresie des Predestinatiens *a pris son commencement des liures de S. Augustin mal entendus*, il asseure que cela est *tres-veritable*, & que *c'est ce que S. Prosper respondant aux obiections des Gaulois, a escrit des ennemis de Sainct Augustin, qu'ils ont repris sa doctrine ou en ne l'entendant pas, ou en ne le voulant point qu'elle fut entenduë*. Ce qui monstre que

Tempore Cælestini Papæ, ipsius autoritate, & instantia S. Prosperi reuicta est. *Apud. Flod. hist. Rhem. l. 3. c. 14.*

Prædestinatorum placita, aliena esse ab Augustino, eique aduersa, & sua ipsius sententia, & Cælestini Papæ præiudicio confirmat. in præfat.

Hæc hæresis ex libris Augustini male intellectis initium sumpsisse dicitur. *Sigeb.*

Verissime. Hoc enim est quod de S. Augustini obtrectatoribus, ad Capitula gallorum respondens testatur Prosper, eius illos doctrinam, aut non intelligendo, aut intelligi nolendo, reprehēdere. *Sirm.*

Le Pere Sirmond croid que les ennemis de S. Augustin qui ont produit l'heresie des Predestinatiens, sont ces ennemis dont parle S. Prosper, lors qu'il dit qu'ils n'ont pas entendu la doctrine de S. Augustin, ou qu'ils n'ont pas voulu qu'elle fut entenduë par les autres. Or il est clair que ceux dont Sainct Prosper dit cela, sont ces Semipelagiens Gaulois, qui accusoient sainct Augustin d'auoir corrompu la doctrine de l'Eglise par les erreurs & les blasphemes qu'il a refutées dans vn ouurage particulier par les propres maximes de ce sainct. Il est donc clair selon le Pere Sirmond mesme, que ceux qui ont inuenté l'heresie des Predestinatiens ont esté les Semipelagiens ennemis de sainct Augustin, & qu'ils ont fait eux-mesmes ce faux liure qu'ils ont publié sans son nom, pour descrier sa doctrine & ceux qui l'ont deffenduë, puis que le P. Sirmond & son auteur nouueau soustiennent que cette heresie a esté fabriquée, & que ce faux liure a esté attribué à sainct Augustin par ceux que sainct Celestin & sainct Prosper ont condamnez & refutez, qui ont esté sans aucune difficulté, les Semipelagiens. Ainsi le dessein du Pere Sirmond & son auteur sont ruinez par eux-mesmes, & il n'est pas besoin d'autres tesmoins pour les confondre.

Ce n'est pas qu'il n'y en ait plusieurs, & qu'ils ne nous en fournissent eux-mesmes, puis que tous ceux que le pere Sirmond produit pour luy suffisent pour refuter sa pensée, & luy faire rendre gloire à la verité. Car pour prouuer qu'il y a eu vne veritable heresie des Predestinatiens, il n'allegue que des auteurs heretiques & Semipelagiens, comme Tiro Prosper, Arnobe le ieune, Faustus, Gennadius, Ioannes Scotus, & cét auteur qu'il a publié depuis peu, qui est encore pire que les autres. Cela fait voir que l'heresie des Predestinatiens n'a esté cogneuë que des Semipelagiens, puis que de toute l'antiquité il n'y a eu qu'eux qui en ayent parlé : & les anciens auteurs Catholiques, qui ont eu tant de soing de marquer toutes les heresies de leurs siecles, n'ayant fait aucune mention de celle-là, c'est vn signe manifeste qu'elle leur a esté incogneuë. Car qui croira que cette heresie ayt eu vogue dés le temps de S. Celestin Pape, & qu'elle ayt gasté tout le monde, comme dit l'auteur du P. Sirmond ; & que neantmoins sainct Prosper, sainct Hilaire d'Arles, sainct Fulgence, & tant d'autres deffenseurs de la doctrine de l'Eglise soustenuë par sainct Augustin, se soient peu empescher d'en dire vn seul mot, qu'ils l'ayent tous dissimulée, comme s'ils se fussent entendus auec

*pag. 105.*

*inf. 27.*

elle, & que s'attachant à combattre les Semipelagiens auec vne force & vn zele inuincible, ils ayent souffert que les predestinatiẽs ayent semé en mesme temps impunément les mesmes calomnies, & qu'ils ayent formé vne heresie incomparablement plus pernicieuse, attirant S. Augustin à leur party, & faisant courir sous son nom des liures impies & abominables, sans auoir l'asseurance de s'y opposer par vne seule parole, & de leur reprocher simplement vne si grande meschanceté ? Qui pourra s'imaginer que tous les Catholiques estans demeurez dans vn silence general en vne occasion si importante, les seuls Semipelagiens ayent eu la resolution de defendre sainct Augustin & l'Eglise, & de resister à vne heresie si effroyable?

Ie pense que le Pere Sirmond & tous ceux qui le voudront soustenir, auront de la peine à persuader vn tel paradoxe à des hommes raisonnables.

Il faut donc conclurre que le Pere Sirmond demeure conuaincu auec son auteur heretique par ses propres tesmoins, & que ces tesmoins confirment la verité qu'il veut destruire, lors mesme qu'ils parlent contre elle. Mais il se trouue par vne estrange rencontre qu'il y en a qui parlent aussi pour elle. Car Tiro Prosper, qui est le premier que le Pere Sirmond employe, quoy que ce

> Prædestinatorum hæresis, quæ ab Augustino accepisse dicitur initium, his temporibus serpere exorsa. *Tiro Prosp. in Chronico, ex Bibliotheca S. Victoris.*

soit vn auteur rempli d'erreurs & d'excez, escrit en termes formells, *Qu'on dit que l'heresie des Predestinez a pris son commencement & son origine de S. Augustin.* C'est donc sainct Augustin qui en a esté le Pere & l'Heresiarque selon cét auteur ; & ainsi il est clair que cette heresie pretenduë n'a esté que la doctrine de ce saint, & les predestinatiens ce mesme sainct, & ses disciples ; & que les Iuges qui ont condamné cette heresie & ces heretiques, ont esté les ennemis de sa doctrine, & les aduersaires de ces grands hommes, sçauoir les Semipelagiens. Ce tesmoignage est de grande consideration, sur tout venant de celuy que le pere Sirmond a mis le premier de tous ceux qu'il a peu trouuer, ayant eu mesme soin de corriger les paroles sur vn manuscrit de la Biblioteque de sainct Victor auec son exactité ordinaire, afin que la verité y parust plus pure. Ce qui luy a si bien reüssi, que l'esclat de cette verité luy donnant à luy mesmesme dans la veuë, il s'est efforcé de l'obscurcir & de l'accommoder à son dessein, en adioustant que ce que Tiro Prosper escrit, *que l'heresie des Predestinez a pris son commencement de saint Augustin* est *expliqué par Sigebert* Moine de l'Abbaye de Gemblours, lors qu'il dit qu'elle est venuë *des liures de S. Augustin mal-entendus*. Enquoy il y a sujet de s'estonner, pre-

> Quod in Tironis Chronico scriptum erat *ab Augustino*, Sigebertus interpretatus est, *ex libris Augustini male intellectis*, verissime. *Sirm.*

uer premierement que le P. Sirmond ayt corrigé le texte de Tiro Prosper sur le manuscrit de S. Victor, & y ayt remis, que l'heresie des Predestinez *a pris son commencement de S. Augustin*, au lieu de ce qui se lit dans les imprimez, qu'elle a pris son commencement & son origine *des liures de S. Augustin mal entendus*; & qu'apres auoir rayé ces paroles comme fausses & supposées, il en veuille retenir le sens, & par ce moyen corrompre & corriger tout ensemble vn mesme passage. Car le tesmoignage de Sigebert qu'il allegue est peu considerable en cette matiere, parce que c'est vn auteur trop recent, & qui n'a aucun garant de ce qu'il dit des choses si esloignées de son siecle. Et si le Pere Sirmond eust pris la peine de considerer à quoy il s'engageoit en suyuant Sigebert sur ce poinct, il eût apperceu qu'il ne luy estoit pas permis de dire que les Predestinatiens ont puisé leur heresie des liures de sainct Augustin mal entendus, apres auoir mis en lumiere vn auteur qui tesmoigne qui les ont si bien entendus, & ont recogneu si clairement que sainct Augustin n'estoit pas pour eux, qu'ils ont esté contrains de faire sous son nom, de faux escrits, affin de pouuoir appuyer de son authorité leurs erreurs & leurs blasphemes. Ce qu'ils n'eussent iamais fait, s'ils se fussent persuadez par ignorance

Ex libris Augustini malè intellectis. *Tyro prosp. in vulgat.*

*Sigebert à vescu au 12. siecle.*

que les veritables ouurages de ce sainct leur estoient fauorables, les hommes ne se portant iamais de gayeté de cœur à faire de faussetez inutiles, & qui peuuēt estre facilement descouuertes. Et en effet qu'elle apparence y a-il de pretendre que ces paroles de Tiro Prosper, *l'heresie des Predestinez a pris son origine de sainct Augustin*, signifient *qu'elle a pris son origine des liures de S. Augustin mal entendus* ? s'il est permis de donner ainsi des interpretations violentes, & esloignées de l'vsage des hommes à des paroles claires & formelles, que ne fera-on pas dire aux auteurs, & qu'elles absurditez ne pourra-on pas soustenir? Il s'ensuiura que l'on pourra dire que les heresies de Caluin & de Luther ont pris leur origine de S. Paul & de Iesus-Christ, & generallement que toutes les heresies sont naye des Prophetes, des Apostres, & des Peres, parce qu'il n'y en a point qui ne se soient fondées sur l'Escriture mal entenduë, & que la plus part se sont vantées d'auoir les Peres de leur costé, comme elles s'en vantent auiourd'huy faute d'intelligence de leur lãgage & de leurs maximes. On pourroit dire tout de mesme que la doctrine de Molina & des Iesuites qui l'a suiuent, a pris son origine de sainct Augustin, quoy que Molina aduouë franchement qu'elle luy a esté incogneuë, & qu'il s'en declare luy-mesme inuenteur, parce que les Iesuites qui taschent maintenant de la defendre & de l'appuyer par les moyens & par les artifices que tout le monde void auec estonnement, pretendent que c'est le vray esprit & l'idée parfaite de sainct Augustin, n'ayant plus la hardiesse de le prendre ouuertement à partie, comme ils ont fait autrefois, depuis que le siege Apostolique s'est declaré pour luy, & la estably Iuge dans les matieres de la Grace; comme les Semipelagiens n'osoient plus l'attaquer de front apres qu'il eut esté approuué & loüé si hautement par la lettre de sainct Celestin Pape aux Euesques de France.

Il demeure donc constant par les propres tesmoins que le Pere Sirmond prend pour luy, que les Semipelagiens ont esté les premiers & les seuls de toute l'antiquité qui ont fait mention de l'heresie des Predestinatiens incogneuë à tous les autres, & qu'ils ont rendu sainct Augustin le chef & la source de ceste heresie imaginaire, c'est à dire de la doctrine de l'Eglise horriblement desguisée & noircie par leurs impostures lesquelles neantmoins on n'a pas honte d'imiter encor aujourd'huy contre cette mesme doctrine, parce qu'estant celle de la verité & de la tradition Ecclesiastique on ne la sçauroit combattre que par la mauuaise foy, & par le mensonge.

Aussi l'auteur mesme du Pere Sirmond n'a peu dissimuler que ceux qu'il poursuit & qu'il descrie comme Predestinatiens, estoient Catholiques viuans dans le sein de l'Eglise. Car il dit, *qu'ils estoient meslez dans le troupeau du Seigneur & qu'ils se glissoient si subtilement parmy les Catholiques, qu'ils estoient tenus pour Concitoyens des Saincts, & domestiques de la foy.* C'est pourquoy il les appelle *ennemis couuerts*, & auant que de les refuter, il prie les Catholiques *de regarder ce combat sans preoccupation d'esprit, se remettant deuant les yeux le dernier Iugement de Dieu.* Ce qui monstre que ceux qu'il attaque estoient personnes de reputation & d'autorité dans l'Eglise, & que ce qu'il disoit contre eux couroit risque de n'estre pas creu, & de passer pour calomnie, les choses qu'il leur reproche estant si horribles, qu'elles seules eussent rendu odieux à tous les Catholiques ceux qu'ils en eussent soupçonnez le moins du monde, sans qu'il fut besoin de les menasser du Iugement de Dieu s'ils n'escoutoient sans preoccupation celuy qui entreprenoit de les combattre.

Manifestum est miscuisse belluas gregi dominico, qui tanta subtilitate claudestino hiatu sese Catholicis immerserunt, vt ipsi magis ciues sanctorum & domestici fidei æstimentur. *pagina.* 1.

Occultos hostes, nouos barbaros. *pag.* 103.

Vos omnes Catholicæ fidei defensores precibus exoramus, vt exclusa omni occupatione, intentius uostrum prælium ad tendatis. *Ibid.*

Il paroist aussi par le mesme auteur que ces gens qu'il appelle Predestinatiens, accusoient ceux de son party d'estre Pelagiens. *Pourquoy nous attribuez-vous*, dit-il, *les erreurs de Pelagius*? Et il

Quid Pelagij nobis dogma obicitis? *pag.* 198.

se plaint ailleurs qu'on leur reprochoit *qu'ils leur restablissoient l'heresie Pelagienne.* Tout cela se raporte parfaitement aux Semipelagiens & aux deffenseurs de la doctrine de sainct Augustin. Car ceux-cy estoient Catholiques de grand merite & de grande creance parmy les fidelles ; & le reproche ordinaire qu'ils faisoient aux Semipelagiens, c'estoit qu'ils restablissoient le Pelagianisme, & destruisoient en effet le peché Originel: & les Semipelagiens au contraire les vouloient faire passer pour Manicheens; qui est encor vn des noms que l'auteur du Pere Sirmond donne à ses aduersaires.

Ait liber eorum: Hæresem Pelagianam iterum renouatis *pag.* 192.

Mais ce qui descouure encor d'auantage son imposture, c'est qu'il escrit que pour refuter ce que les Predestinatiens disoient tousiours, que luy & les siens *se seruoient contre eux des subtilitez des heretiques*, il s'est resolu de representer *toutes les heresies qui ont esté depuis Simon le Magicien iusques à son siecle, & d'en faire vne description dans vn liure à part, pour prouuer*, dit-il, *que nous sommes conformes à la seule foy Catholique contraire à toutes les heresies, & que nous ne prenons rien d'elles pour agir contre eux.* Et toutefois il fait ce catalogue des heresies de telle sorte, qu'il ne parle point en tout des Semipelagiens: & au lieu de les mettre apres les Pelagiens, puis qu'ils les

Quotiescumque contra eos suscepimus, dixerunt nos ex hæreticorum argutiis contra se agere *pag.* 88.

Eorum ergo ob causam omnes hæreses à Simone memoratas hucusque deteximus, vt probemus nos soli fidei Catholicæ esse concordes *ibid.*

Omnes hæreses singillatim per ordine licet strictim perscribimus, vt sciant nouæ huius hæresis inuentores, omnium nos hæreticorum definitionibus aduersari, & nullius eorum cōtra se vti consensu. *pag.* 6.

ont suyuis de fort prés, ou pour le moins apres les Nestoriens, n'estans pas moins anciens qu'eux, il met les Predestinatiens à leur place, tesmoignant qu'il tenoit contre eux pour les Semipelagiens. Car puis qu'il proteste d'auoir fait ce dénombrement d'heresies pour se iustifier de ce qu'on l'accusoit d'en tenir quelqu'vne, & qu'il n'y a pas compris celle des Semipelagiens, il declare ouuertement qu'il ne la condamne pas, & qu'il ne veut point passer pour son ennemy, mais plustost pour ennemy du party contraire, en le mettant au nombre des heretiques sous le nom de Predestinatiens. Gennadius Prestre de Marseille, l'vn des principaux Semipelagiens, à fait la mesme chose soit deuant où apres cét auteur, dans son Catalogue des heresies : où au lieu des Semipelagiens qu'il suiuoit, il a mis les predestinatiens, comme leurs aduersaires. Mais S. Isidore Euesque de Seuille contemporain de sainct Gregoire le Grand, a corrigé cette faute & cette malice. Car n'ayant fait que coppier en plusieurs endroits le Catalogue de Gennadius, lors qu'il est venu aux Predestinatiens, il les a ostez de ce rang infame, & à mis en leur place les Semipelagiens, comme ceux qui auoient combattu cõtre eux la doctrine de l'Eglise. L'auteur du P. Sirmond meriteroit de reçeuoir vn pareil traitement dans vn pareil crime, si le Catalogue des heresies qu'il a fait n'estoit si remply d'ignorances & de toutes sortes de fautes enormes, qu'il est tres-indigne non seulement d'estre imité, mais aussi d'estre leu vne seule fois.

Et on ne sçauroit respondre pour luy que les Semipelagiens n'auoient pas encor esté condamnez lors qu'il a escrit ce liure, par ce que le contraire se verifie par le liure mesme. Car il fait mention de l'Epistre du Pape Celestin aux Euesques de France, par laquelle il les condamna, & leur imposa silence: & il tesmoigne qu'il a fait ce liure depuis la mort de Celestin, l'appellant *Pape de tres heureuse memoire*. En ce temps-là sainct Prosper auoit desia descouuert les calomnies que ceux de cette secte auoient semées contre sainct Augustin, s'en estant mesme plaint à Celestin, comme il paroist par sa lettre : & il auoit rapporté long-temps auparauant toutes leurs erreurs & leurs sentimens à sainct Augustin mesme, afin qu'il les refutast, comme il fit, escriuant contre eux les liures de la Predestination des saincts & du don de perseuerance. Tellement que les Semipelagiens auoient esté condamnez & ruinez par sainct Augustin, par sainct Celestin Pape, par sainct Prosper, & par sainct Hilaire d'Arles deuant

*pag.* 68. 74. 83.

Beatissimæ memoriæ summus Pontifex Cælestinus. *pag.* 5.

que l'auteur du pere Sirmond commençast de faire son Catalogue des heresies, & il ne reste aucun moyen pour couurir la mauuaise foy & la passion auec laquelle il les a voulu iustifier contre l'autorité de tant de Saincts, en les tirant du nombre des heretiques, pour y mettre leurs aduersaires, qui estoient les Catholiques deffenseurs de la doctrine de l'Eglise, en leur imposant le nom infame d'heretiques Predestinatiens.

Cette imposture se descouure encore manifestement par le second Concile d'Orange, qui fut assemblé pour prononcer le dernier anatheme contre la secte des Semipelagiens Car apres auoir condamné leurs erreurs, il parle en cette maniere: *Nous declarons que non seulement nous ne croyons pas qu'il y ayt des hommes Predestinez au mal par la puissance de Dieu mais aussi que s'il y en a qui veuillent croire vne si grande meschanceté nous leurs disons anatheme auec toutes sortes d'execrations.* Il est clair que le Concile condãne par ces paroles le principal poinct & le plus pernicieux dont on a accusé les Predestinatiens, qui estoit que Dieu predestinoit les hommes par sa puissance au mal & au peché, sans qu'il le peussent euiter. Il est clair aussi qu'il le condamne en tesmoignant qu'il ne sçauoit personne qui tint vne maxime si execrable. D'où il s'ensuit qu'il n'y auoit alors dans

Aliquos ad malũ diuina potestate prædestinatos esse, non solum nõ credimus, sed etiam, si sunt qui tantum malum credere velint, cum omni detestatione illis anathema dicimus *Conc. 2. Arauf. c. 13.*

dans l'Eglise aucune heresie des Predestinatiens, puis qu'on ne cognoissoit aucun homme qui suyuoit l'erreur qui a fait inuenter ce nom; & que cette erreur imaginaire n'estoit qu'vne calomnie des Semipelagiens contre les Catholiques & contre ce Concile qui les representoit. C'est pourquoy il s'en iustifie par ces paroles, *nous declarons que non seulement nous ne croyons point, qu'il y ayt des hommes predestinez au mal par la puissance de Dieu, &c.* par lesquelles il proteste qu'il est innocent & tres esloigné d'vne si grande erreur, & ainsi il tesmoigne qu'il en estoit accusé. Car cette façon de parler, « nous declarons non seulemēt que nous ne croyōs point « cette impieté, mais que nous condam- « nons auec horreur ceux qui la tiennent, « selon l'vsage ordinaire des hommes, est semblable à celle-cy; « nous declarons qu'il est si faux que nous tenions cette « erreur, &c. Et il n'y a que ceux qui se « veulent iustifier de quelque imposture, qui parlent de la sorte. Autrement il eut esté entierement superflu & hors de raison que le Concile se declarast innocent de cette heresie, plustost que des autres, s'il n'eut esté obligé de le faire pour dissiper quelque soupçon & quelque calomnie particuliere.

Ce qui confirme entierement les deux poincts que le Pere Sirmōd veut ruiner par son auteur heretique. Premierement, que ceux qui ont esté accusez de l'erreur des Predestinatiens, ont esté les Catholiques deffenseurs de la doctrine de l'Eglise, & entre ceux-là le Concile d'Orange mesme; Et en second lieu que non seulement ils en estoient innocens, mais qu'il n'y auoit en ce temps-là aucun particulier, & beaucoup moins aucune secte, à qui elle peust estre attribuée.

Comment sera dont vray ce que le P. Sirmond nous veut persuader par son auteur, que l'heresie des Predestinatiens a commencé deuant le secōd Concile d'Orange, & deuant que l'heresie d'Eutyches eut esté cogneuë dans l'Eglise? Et comment pourra-on garantir de la mesme imposture Gennadius Semipelagien, qui a parlé enuiron le temps de ce Concile contre l'heresie des Predestinatiens, comme contre l'vne de celles de son siecles?

Cette fausseté est d'autant plus euidente, que l'auteur du P. Sirmond escrit plusieurs fois *que le Diable faisoit de grands rauages par cette heresie, & blessoit à mort presque tout le monde.* De sorte qu'il faut de necessité ou que le Concile d'Orange ayt esté le plus negligent & le plus aueugle de tous les Conciles, s'il ne cognoissoit pas seulement vne heresie horrible qui rauageoit tout le monde;

In hæc hæresi diabolus tyrannidis suæ furore grassatur, vt letali plaga pene vniuersum vulneraret mundum. *pag. 139.*

ou que cét auteur aye esté le plus hardy imposteur de la terre; ou bien que le P. Sirmond se soit trompé en le faisant plus ancien que Gennadius & que le second Concile d'Orange. Aussi l'argument qu'il allegue pour le persuader est tres-foible. Car il prouue que cét auteur à escrit deuant Gennadius, parce que dans son Catalogue des heresies il ne parle point de celle d'Eutyches, & qu'apres auoir fait mention de celle de Nestorius, il s'arreste à celle des Predestinez. Mais nous auons des-ja fait veoir que ce Catalogue est plein de fraude & de tromperie, & qu'au lieu des Semipelagiens il a mis leurs aduersaires, qui estoient les Predestinatiens, c'est à dire les Catholiques soustenans la doctrine de l'Eglise. Outre qu'il a obmis tant d'autres heresies, comme celle des Encratites, des Collyridiens, des Semiariens, des Marcelliens, des Lucianistes, & autres, qui sont dans S. Epiphane, & & ailleurs; & qu'il a rapporté auec tant d'ignorance & d'aueuglement, & auec si peu de foy les erreurs de celles dont il fait mention, comme particulierement des Pelagiens, dissimulant plusieurs heresies dont ils ont esté condamnez, & que S. Augustin a refutées pour l'Eglise, parce qu'il les tenoit pour des veritez, & qu'il auoit resolu de les deffendre dans l'ouurage qu'il méditoit contre les Predestinatiens, qu'on ne peut asseoir aucun iugement raisonnable sur ce Catalogue, ny en tirer autre consequence sinon qu'il doit estre mesprisé en tout ce qu'il dit comme vn homme qui n'a pas seulement l'esprit de mentir auec quelque apparence.

Que s'il est vray, comme le P. Sirmõd le croid, que cét auteur & Arnobe le jeune ne sont qu'vn; il s'ensuit qu'il a vescu depuis la naissance de l'heresie d'Eutyches & depuis le Concile de Chalcedoine. Car dans la dispute qu'il a euë auec Serapion, il soustient la foy de l'Eglise cõtre l'heresie d'Eutyches & des Egyptiens, qui auoient esté condamnez au Concile de Chalcedoine. Et le Cardinal Bellarmin iuge que cette dispute est du mesme Arnobe le jeune à qui on attribuë le commentaire sur les Pseaumes. D'où il s'ensuit encor, que cét auteur est vn Semipelagien, puis que Arnobe le jeune l'est sans aucune difficulté, comme il paroist & dans sa dispute contre Serapion, & beaucoup plus dans son commentaire sur les Pseaumes.

*In lib. de script. Eccles.*

*Vide in Psal. 90. 91. 93 147. &c.*

De sorte que ie ne sçay quel honneur le P. Sirmond a pretendu faire à son auteur en disant qu'il n'est point different de cét Arnobe le jeune, & ie m'estonne de veoir qu'il discerne si mal les escriuains heretiques des Orthodoxes; ou bien qu'il ayt voulu deſhonorer vn auteur qu'il a iugé digne de la lumiere & de ſon approbation, en le comparant & le confondant auec celuy qui eſt recogneu pour heretique. Ie n'ay nul intereſt que ſa coniecture ſoit vraye, ou qu'elle ſoit fauſſe, puis qu'en l'vne & en l'autre maniere i'ay touſiours ce que ie pretends, qui eſt que cét auteur eſt heretique Semipelagien, & partant indigne d'eſtre creu en cette cauſe. Mais s'il m'eſt permis de dire ce qui m'en ſemble, ie ne ſçaurois croire que l'auteur de la diſpute d'Arnobe contre Serapion ſoit le meſme que celuy que le Pere Sirmond vient de publier, leurs ſtyles eſtãs ſi differens, qu'encor qu'il paroiſſe qu'ils ont eſté d'vne meſme ſecte, il eſt difficile de les prendre l'vn pour l'autre. Et celuy du Pere Sirmond eſt ſi remply de fautes de Grammaires, de Barbariſmes, & de ſolecismes, qu'il eſt incroyable qu'il ayt veſcu au temps du Pape Celeſtin & de S. Proſper, eſtant beaucoup plus digne du ſiecle de Hincmar, eſt auſſi le premier & le ſeul de tous les anciens qui en fait mention, quoy que ce ne ſoit pas la premiere fauſſe piece qu'il a paſſee pour vraye, ny la premiere faute qu'il a commiſe dans les matieres de Theologie, & ſur tout dãs la Dogmatique, où il n'eſtoit pas trop habile, quelque loüãge que le P. Sirmõd luy donne.

Mais auant de finir ce discours, je ne puis m'empescher de luy demander, d'où il a pris ce qu'il dit, *que cét auteur estoit tous les iours auec les Predestinatiens, qu'il disputoit souuent auec eux, & qu'il estoit celuy de tous leurs aduersaires qu'ils fuyoient & qu'ils redoutoient dauantage*? Il n'a pas trouué cela dans cét escrit, qui n'en parle point du tout, quoy que l'auteur tesmoigne grande opinion de soy-mesme, & qu'il se vante souuent d'vne maniere ridicule. Il s'attribuë bien la gloire d'estre le premier qui a escrit contre les Predestinatiens. Ce qu'il peut auoir dit pour se couurir, & pour empescher de croire qu'il eut vescu plusieurs siecles apres eux. Car il n'est point vray semblable que s'il estoit si ancien, nul des auteurs ny Semipelagiens, ny Catholiques, qui ont tant escrit sur ces matieres, comme S. Prosper, sainct Fulgence, S. Auitus, S. Hilaire, S. Euchere, S. Cesarius, & autres qui se sont opposez aux Semipelagiens pour soustenir la foy de l'Eglise & l'honneur de S. Augustin, se fussent peu empescher d'en dire vne seule parole, & qu'ils eussent dissimulé le tort qu'on faisoit à ce grãd Sainct, en luy attribuant de faux escrits remplis des mesmes impietez & des mesmes blaspheme, dont il auoit esté accusé par les Semipelagiens, ausquels ils auoient resisté auec tant de force. Ce

Qui cum illis assidue versabatur, cum ijsdem manus sæpe conserebat, quem vnũ illi præ omnibus refugiebant & reformidabant aduersarium. *In præf.*

qui paroist d'autant plus incroyable, que cét auteur ne dit pas seulement que les Predestinatiens faisoient courir sous le nom de S. Augustin le liure qu'il a entrepris de refuter, mais aussi quantité d'autres : *Ils ont blessé*, dit-il, *presque tout le monde par des escrits qu'ils ont faits sous le nom de S. Augustin, produisant des liures corrompus, & forgeant quantité d'Epistres qu'ils attribuent à cét Euesque d'Hippone.* Ce qu'il repete en diuers lieux, disant qu'ils alleguent non vn seul liure, mais *plusieurs liures apostats.* Il n'est donc pas croyable que tant de grands deffenseurs de l'Eglise & de S. Augustin eussent peu laisser passer tant de faussetez enormes sans en faire la moindre plainte, & par consequent les discours de l'auteur du Pere Sirmond, & les loüanges qu'il s'attribuë, sont esgallement vaines & imaginaires. Mais quelque menteur, & quelque trompeur qu'il ayt esté, il n'aduouë nulle part ce que le P. Sirmond dit de luy, que les predestatiens *le fuyoient & l'apprehendoient plus que tout le reste de leurs aduersaires* : & il faut que le Pere Sirmond ayt trouué cét Eloge dans l'affection excessiue qu'il a pour luy, & que la violence de cette passion ayt emporté son iugement. Car s'il eût consideré de sens rassis les discours de cét homme aussi remplis de toutes sortes d'impertinences & d'extrauagances, que d'er-

Scriptis suis, sub sacerdotis Augustini nomine, totum pene iam vulnerauerunt mūdū, vitiatos libros proferendo, & varias epistolas dando, quas memorati Hipponiensis Episcopi esse confingunt. *p.* 105.

reurs & d'heresies, il eut veu sans peine qu'il ne pouuoit estre le plus redoutable des aduersaires des Predestinatiens si tous les Predestinatiens & tous leurs aduersaires n'estoient encore plus stupides & plus aueuglez que luy. Ce qui estoit entierement impossible, les grandes & extraordinaires folies ne pouuant se rencontrer en telle abondance dans vn mesme temps, parce qu'elles sont quasi aussi rares que les grandes & extraordinaires lumieres d'esprit & de iugement.

## CHAP. V.

### *Conclusion & recapitulation de tout ce qui a esté dit cy-deuant.*

IE finis ce discours en coniurant le Pere Sirmond, de prendre mieux garde vne autrefois aux manuscripts qui luy tomberont entre les mains, & de ne deshonorer pas sa vieillesse en publiant pour bonnes & irreprochables des pieces qui ne peuuent seruir qu'à donner de l'horreur à ceux qui lisent. Les heresies Semipelagiennes, les Pelagiennes, & celles qui surpassent les vnes & les autres ; les excez contre le iugement, contre la science, contre la bonne foy ; les impostures & corruptions de toutes sortes y sont en si grand nombre, qu'vne des merueilles de cét ouurage, c'est qu'on en ayt peu renfermer vne telle quantité dans vn si petit espace. C'est la raison pourquoy ie n'ay peu me resoudre de les representer toutes, croyant que ceux qui prendront la peine de considerer celles que i'ay recueillies, iugeront qu'elles procedent d'vne source inespuisable.

Mon principal dessein a esté de conuaincre d'imposture ce qu'il dit contre les Catholiques sous le nom des Predestinatiens, & particulierement la fausse piece, qu'il les accuse d'auoir faite & attribuée à S. Augustin pour autoriser leur pretenduë heresie. I'ay prouué clairement cette meschanceté par la conuenance des impietez qu'il leur impose, auec celles que les Semipelagiens ont imposées aux Catholiques qui ont soustenu contre eux la doctrine de l'Eglise, par les propres tesmoins que le P. Sirmond allegue pour luy ; par les plus grands deffenseurs de S. Augustin, & de l'Eglise, qui n'ont iamais parlé d'aucune heresie de Predestinatiens ; par l'autorité du second Concile d'Orange, qui fait veoir qu'il n'y en a eu aucune ; & enfin par le tesmoignage mesme de cét auteur nouueau, cõfirmé de celuy de Hincmar, & ce qui est encore plus considerable, de celuy du P. Sirmond, qui aduoüent tous sans y penser, que ceux qui ont introduit l'heresie des Predestinatiens, & forgé le liure faussement attribué à S. Augustin, sont ceux contre lesquels le Pape Celestin & S. Prosper ont escrits qui ont esté indubitablement les Semipelagiens. De sorte qu'il semble que Dieu a voulu que la calomnie fût conuaincuë par sa propre bouche, &

estouffée dans ses propres tenebres, dans lesquelles elle a voulu estouffer la verité. I'ay colligé de là, qu'estant certain que ce faux liure, aussi bien que cette fausse heresie, a pris son origine des Semipelagiens, il est fort vray semblable que celuy que le pere Sirmond vient de publier, en est l'auteur, tant parce qu'il est le premier & le seul de toute l'antiquité qui en ayt fait mention deuant Hincmar, que parce que ce liure met entre les erreurs des Predestinatiens des veritez Catholiques qui n'estoient pas contestées par le commun des Semipelagiens, mais par cét auteur seul, à qui les contraires maximes estoient particulieres; & parce que la Barbarie de son style, de ses pensées, de ses raisonnemens, & de son ignorance, semble plus tenir du siecle de Hincmar, que de celuy de S. Celestin & de S. Prosper, quelques déguisemens & quelques artifices que l'auteur employe pour faire croire le contraire, afin de se couurir, & de donner quelque couleur au mensonge. Car les disputes que l'Eglise auoit euë autrefois auec les Semipelagiens se renouuellerent au siecle de Hincmar, auquel la licence de faire & de produire de faux escrits a esté grande, parce qu'il y auoit peu de gens capables de les discerner, comme on le peut iuger par

Hincmar mesme, qui estant l'vn des plus celebres de ce temps-là, s'y est laissé surprendre plusieurs fois en des matieres importantes, & il l'a peu estre encor plus aisément en celle-cy que dans les autres, parce que ce liure supposé fauorisoit la querelle qu'il a euë sur le suject du Moyne Gotescalch auec les autres Euesques de France, qui luy ont resisté auec vigueur, & ont condamné ses opinions au troisiesme Concile de Valence. Comme lors que les Semipelagiens commenceront de paroistre, ils tascherent d'establir leurs erreurs en descriant la doctrine des Catholiques par des memoires remplis de faussetez & de calomnies, où ils la representoient en vne maniere effroyable pour en faire peur à tout le monde; Ainsi lors que le Semipelagianisme à voulu se releuer au temps de Hincmar, il s'est seruy de ce mesme artifice, & il a publié les mesme calomnies contre les deffendeurs de la verité ancienne & Orthodoxe, non seulement en faisant courir de faux bruits & de faux extraicts, comme auparauant, mais auec vne hardiesse de beaucoup plus grande, que le relaschement & la decadance du siecle auoit produite, composant de faux traictez & de faux liures entiers où les impostures de ces extraicts anciens estoient estenduës & amplifiées. Ce n'est pas que la piece que l'auteur du P. Sirmond rapporte sous le nom de Sainct Augustin, ne soit fort differente de ces *memoires diaboliques* que Sainct Prosper tesmoigne que les Semipelagiens ont fait courir contre luy; estant manifeste que plusieurs des articles de ces memoires ne s'y trouuent point. Mais les principaux se rencontrent les mesmes, & ceux que cét auteur y a adioustez ne sont que des conclusions de ceux-là, ou des erreurs qui luy estoient propres, & pour lesquelles il auoit vne passion particuliere, comme ie l'ay fait veoir clairement par les propositions que i'ay marquées.

Côtexunt, & qualibus possunt sententijs comprehêdunt ineptissimarum quarumdam blasphemiarũ prodigiosa mendaciatâque ostendêda, & ingerenda multis publicè priuatimque circumferunt: afferentes talia in nostro esse sensu, qualia diabolico continentur indiculo.
*S. Prosp. in præf. ad obiect. Vincent.*

Ie ne doute pas que tant d'erreurs, tant d'heresies, tant d'extrauagances diuerses ne frappent tous ceux qui voudront prendre la peine de les considerer; & ie croy qu'ils s'estonneront extrémement que le Pere Sirmond se soit peu oublier iusqu'à ce poinct que de donner au public pour vn bon auteur, & capable de conuaincre ceux qui aiment la verité, celuy que tous ces excez tesmoignent n'auoir eu ny le sens commun de la foy, ny celuy de la raison, ny les lumieres les plus ordinaires de la science, ny celles de la conscience & de la vertu.

Car si la cognoissance que ce Pere deuoit auoir de la Theologie & de l'histoire de l'Eglise, & la critique où on dit qu'il a employé tant d'années, ne l'ont pas empesché de deshonorer sa vieillesse par la publication & par les loüanges d'vn liure si honteux, il est mal-aisé de comprendre comment les Barbarismes, les solecismes, & les lourdes fautes de Grãmaire qui s'y rẽcontrẽt, si esloignées de l'eloquence & de la politesse de la langue Latine, laquelle il a estudiée iusques a l'extremité de son aage, ne luy en ont fait perdre l'enuie. Mais la plus grande de toutes ces merueilles est, qu'il n'ayt pas pour le moins redouté la condamnation que cét auteur prononce contre ce qu'il a osé soustenir publiquement, que le Chresme n'a point esté tenu necessaire à la confirmation, & qu'elle a esté conferée par la seule imposition des mains durant plusieurs siecles, & particulierement dans celuy où il pretend que cét auteur à vescu, qui est le cinquiesme de l'Eglise. Car cette maxime est ruinée plusieurs fois dans ce liure, qui met le Chresme au rang des Sacremens veritables, & dit *que nous deuons establir en luy la fermeté de nostre esperance*, cõme au Baptesme, & en l'Eucharistie, sãs faire iamais mentiõ de l'imposition des mains, lors qu'il parle de la cõfirmation, mais seulement de l'Onction

Nobis spes tota videtur in baptismatis sanctificatione constare, &c. In Chrismatis Christi vnctione spei nostræ cernimus firmamentum, &c. Corpus Christi spem nostrã videmus. *pag.* 204. *Item. pag.* 190.

Epiſcopale. Il ſemble que cela luy denoit donner quelque retenuë, puiſque c'eſt le iugement d'vn auteur qu'il eſtime & qu'il louë, & il luy deuoit faire craindre que ſe voulant ſeruir de luy pour condamner l'opinion des autres, il ne condamnaſt la ſienne ſans reſource, puiſque tous les Canons deffendent d'appeller des Iuges qu'on a choiſi ſoy-meſme. Ce qui eút eu encor plus de force pour arreſter ſon eſptit, s'il eut conſideré qu'il confirmoit par meſme moyen le iugement de l'aſſemblée generalle du Clergé de France, qui a approuué tout ce qu'Aurelius à eſcrit contre luy ſur ce ſujeƈt, en le faiſant imprimer par ſon commandement & à ſes deſpens. Mais toutes ces raiſons ont eſté ſurmontées par vne paſſion plus puiſſante, & il a voulu ſans doute, comme bon Ieſuite, preferer à ſon intereſt particulier celuy de toute la compagnie que le liure de Monſieur l'Eueſque d'Ipre à miſe en allarme, luy faiſant courir riſque de perdre la reputation qu'elle a acquiſe dans la Theologie parmy le peuple. Et ne luy pouuant donner aucun ſecours dans la Dogmatique, où il ne s'eſt pas tant exercé, il a creu luy deuoir teſmoigner ſa paſſion dans la Critique, en publiant pour elle vn auteur nouueau, qui d eſtruit tout d'vn coup l'opiniõ de Ianſenius touchant les Predeſtinatiens par ſon impoſture & par ſon faux liure ; & la Doctrine de S. Auguſtin touchant la Grace, par ſes erreurs & par ſes hereſies, ie ne ſçay pas quel gré la compagnie luy ſçaura pour vn ſi bon office : mais ie ſçay bien qu'il luy fournit des armes de meſme trempe, que celles dont elle attaque ce grand Eueſque, qui ſont le menſonge, la fauſſeté & la calomnie, teſmoignant ainſi, qu'elle combat en ſa perſonne S. Auguſtin, qui n'a iamais eſté combattu, ny ne le peut eſtre que de cette ſorte. Ce qui paroiſt, & paroiſtra touſiours tant par les efforts des Ieſuites contre ces deux Eueſques incomparables, qui ne ſont qu'vn en cette cauſe, que par ceux de leurs emiſſaires, dans les eſcrits & dans les Sermons ſcandaleux qu'ils oſent faire en renuerſant l'ordre de l'Egliſe, & introduiſant la confuſion & le ſchiſme, auec vne ignorance ſi honteuſe des choſes dont ils parlent, qu'ils ne la couurent aux yeux du peuple que par la preſomption & par l'inſolence, qui la rendent encor plus inſupportable à ceux qui ont vne intelligence mediocre de ces matieres. Mais quelque paſſion aueugle que ces gens ayent pour leurs intereſts, & pour leur gloire, pour laquelle ils combattent, il faut eſperer que ceux à qui Dieu a donné la charge des affaires Eccleſiaſtiques & des ciuiles, ne ſouffriront pas dauan-

dauantage qu'on prenne la licence non seulement de refuter ignoramment, mais de calomnier & d'outrager horriblement à la veuë de tout le monde, les Saincts, les Euesques, les Docteurs Catholiques de toutes sortes d'ordres & de professions, comme on a commencé de faire depuis vn an, par des mouuemens que tout le monde sçait, troublant la paix des consciences, & iettant les semences de toutes sortes de desordres, contre la deffense publique de Monseigneur l'Archeuesque de Paris, dont on est accoustumé de mespriser l'autorité en des occasions importantes. Et cependant ceux qui ont esté traictez d'vne façon si espouuentable & si inouye parmy les Catholiques, sont tousiours demeurez dans le repos & dans le silence, quoy qu'ils peussent dissiper aussi aisément le bruit & les calomnies de ces criailleurs ignorans, que le vent emporte la poudre la plus menuë. Il est aisé de iuger par vne conduite si differente l'aduantage que la verité & la science des Saincts, qui est inseparable de la modestie & de la patience, a par dessus l'esprit d'erreur, & l'esprit de l'homme. Car estant tousiours accompagné d'vn feu plein de chaleur sans lumiere, comme celuy d'Enfer, selon les peres, il agite & emporte continuellement ceux qu'il possede, & les fait tomber dans des precipices que tout le monde void auec estonnement horsmis eux, qui au lieu d'estre humiliez par ces cheutes, en deuiennent plus orguilleux & plus insolens. C'est ainsi que le Pere Sirmond s'imagine auoir fait merueille pour sa compagnie en publiant vn liure qui le ruine de reputation auec elle, & qui meritoit plustost d'estre intitulé *Reprobatus* que *Prædestinatus*, puis qu'il contient tant de propositions, & d'erreurs condamnées non seulement par l'Eglise, mais aussi par le sens commun, qu'il descrie & diffame esgallement ceux qui l'employent & la cause pour laquelle il l'employent. S'il est permis de produire ainsi des escrits pernicieux, qui ne peuuent seruir que pour corrompre la verité, pour troubler l'Eglise, pour seduire les ignorans, & les mediocres mesmes, qui ne se deffient pas aisément des liures qu'on void sortir d'vne compagnie celebre, qui les autorise par son silence, & qui sont publiez auec loüanges par vn vieillard qui a mis en lumiere de gros volumes, qui a esté Confesseur d'vn Roy, & qui ne quitte point le prix de l'erudition & de la suffisance aux plus habiles de sa troupe ; il n'y aura nulle raison d'empescher à l'aduenir qu'on ne vende publiquement des viandes empoisonnées pour bonnes & salutaires puis que le venin qui tuë les corps eſt ſans comparaiſon moins à craindre que celuy qui tuë les ames, & qu'il eſt difficile de trouuer vne piece qui en contienne dauantage dans ſa petiteſſe, que celle que le pere vient de donner au public pour legitime & capable de ſeruir de regle ſouueraine de la verité, ſans qu'il ſoit permis d'y trouuer rien à redire.

www.ingramcontent.com/pod-product-compliance
Ingram Content Group UK Ltd.
Pitfield, Milton Keynes, MK11 3LW, UK
UKHW020332180726
13839UKWH00002B/666